オスマン帝国　英傑列伝

600年の歴史を支えた
スルタン、芸術家、そして女性たち

笠原弘幸

GS
幻冬舎新書
596

はしがき

かつて、オスマン帝国という国があった。

いまのトルコ共和国の領土と、ほぼかさなるアナトリア半島。その片隅で一三世紀末に産声をあげたこの国は、数世紀のうちに領土を拡大してイスラム世界の覇者の座を獲得し、アジア、ヨーロッパそしてアフリカの三大陸をまたにかける大帝国となった。イスタンブルを都としたオスマン帝国は、一六世紀にはハプスブルク帝国の首都ウィーンを包囲するなど、世界でもっとも強大な国家となる。帝国は一八世紀末より、発展いちじるしいヨーロッパ列強の従属下におかれるものの、近代化改革に一定の成功を収め、イスラム世界の盟主としての地位を保った。

繁栄と衰退ののち、この国が滅亡したのは一九二二年。いまからほんの一〇〇年ほど前のことである。

オスマン帝国は、なぜこれほどまでに強力で、繁栄したのだろうか。理由のひとつは、さまざまな出自を持つ人々が、この国で活躍しえたことにある。

この国の王族はトルコ系の出身で、公用語としてトルコ語が用いられていた。それゆえこの国は、えてして「トルコ人の国家」と思われがちである。だがその実態は、出身民族にこだわらぬ、多民族が活躍できる場であった。アラブ人、アルバニア人、ギリシャ人、クルド人、セルビア人……オスマン帝国は、まごうことなき多民族国家だった。

一方で、この国はイスラム教を奉じていたから、ムスリム（イスラム教徒）を中心とした国であった。そのなかでキリスト教徒やユダヤ教徒をはじめとした非ムスリムの臣民たちは、権利を制限されつつも、社会や経済で重要な役割を演じていた。改宗後に政治の中枢で活躍した元キリスト教徒は、珍しくない。

多民族と多宗教からなるこの帝国は、それゆえにこそ、六〇〇年という歴史上まれにみる命脈を保ったのである。すなわち、帝国の長い歴史は、民族的にも宗教的にも、さまざまな「人」によって支えられたのだった。

オスマン帝国をはじめとしたムスリム諸王朝には、人物伝を著すという長い伝統がある。

君主や貴顕のみならず、詩人《シャーイル》、書家《ハッタート》、イスラム学者《ウラマー》など、さまざまな分野で活躍する人々について、たくさんの人物伝が書かれた。国家や社会は人々が織りなす活動が支えているのであり、彼らの名と事績を書き残すことが歴史という営みそのものである、という考え方があったのだろう。

本書は、そうした伝統を受け継ぎ、オスマン帝国を生きた人々のなかから、もっとも魅力的だと思われる一〇人をとりあげ、その評伝を記したものである。

いま、もっとも魅力的な、と述べた。もちろん、帝国の長い歴史のなかで、英雄や偉人は枚挙にいとまがない。そのなかから一〇名を選ぶのは難しい作業であったが、つぎの三つの方針に従った。

ひとつは、君主たるスルタンたちである。オスマン帝国は、オスマン家を王家と仰いだ王朝国家であり、スルタンはつねに重要な役割をになっていた。スルタンの持つ権威は一六世紀後半より低下していくが、それでも帝国の転換点には、改革を進めた有能なスルタンの存在があった。オスマン帝国の英雄たちを語るにあたり、彼らスルタンをはずすわけにはいくまい。三六名を数えるスルタンのうち、存在感のある人物には事欠かないが、王朝の創始者オスマン一世、この国を真の帝国とした第七代メフメト二世、そして危機に陥った帝国をよみがえらせた第三〇代マフムト二世を選んだ。

ふたつには、女性たちである。オスマン帝国に限らず、前近代の国家においては、女性が表舞台に立って活躍する機会は少なかった。それでも、王家の女性たちのなかには、政治的な影響力を発揮する者たちがいた。また、近代になると、王族ではない市井の女性たちが活躍するようになる。こうした人々のなかから、壮麗王スレイマン一世の寵姫《ちょうき》ヒュッレム、スルタンたちの母后として権力をふるったキョセム、帝国末期に革命家として異彩を放ったハリデ・エディプの三人をとりあげたい。

三つめとして、芸術家たち。オスマン帝国は尚武の国家といわれており、それは間違いではない。かつては、オスマン帝国における学問や芸術は、ほかのムスリム諸王朝に比して一段低く評価されていた。しかし近年では、この国の文芸は他国に劣らぬ発展を遂げたことが指摘され、研究が進んでいる。トルコに遍在するあまたの建築を手がけたミマール・スィナン、細密画の世界に革新をもたらしたレヴニー、洋画家そして考古学者として活躍したオスマン・ハムディの三名を、オスマン美術への導き手として紹介しよう。

そして、これらのグループのどれにも当てはまらない人物を、最後にとりあげる。オスマン帝国を滅ぼし、トルコ共和国の初代大統領となったムスタファ・ケマル――またの名をアタテュルクである。本書の掉尾《ちょうび》として、彼ほどふさわしい人物はあるまい。

本書では、この一〇人を、時代にそって語ってゆく。これによって、オスマン帝国についてよく知らない読者も、この国の長い歴史を追体験できるだろう。もちろん、面白そうな、あるいは聞いたことのある人物から自由に読みはじめても、いっこうにかまわない。執筆にあたっては、できる限り、これらの人々の現代における位置づけについても言及した。この英傑たちは、忘れ去られた遠い過去の存在ではなく、いまなお現代を生きているのだ。各章の扉絵には肖像画を掲載し、その「絵解き」から語りはじめる形をとった。また、本編で語り切れなかった人々や集団については、五つのコラムをもうけて簡単に説明しているので、本編のあいまにご覧いただきたい。

それでは、列伝の幕を開けることとしよう。

オスマン帝国　英傑列伝／目次

1200年
1300年
1400年

オスマン一世
?―1324年頃

1400年　1500年　1600年

メフメト二世 1432年—1481年
ヒュッレム 1505年頃—1558年
ミマール・スィナン 1491年頃—1588年

1600年
1700年
1800年

キョセム　?―1651年
レヴニー　1681年頃―1732年
マフムト二世　1785年―1839年

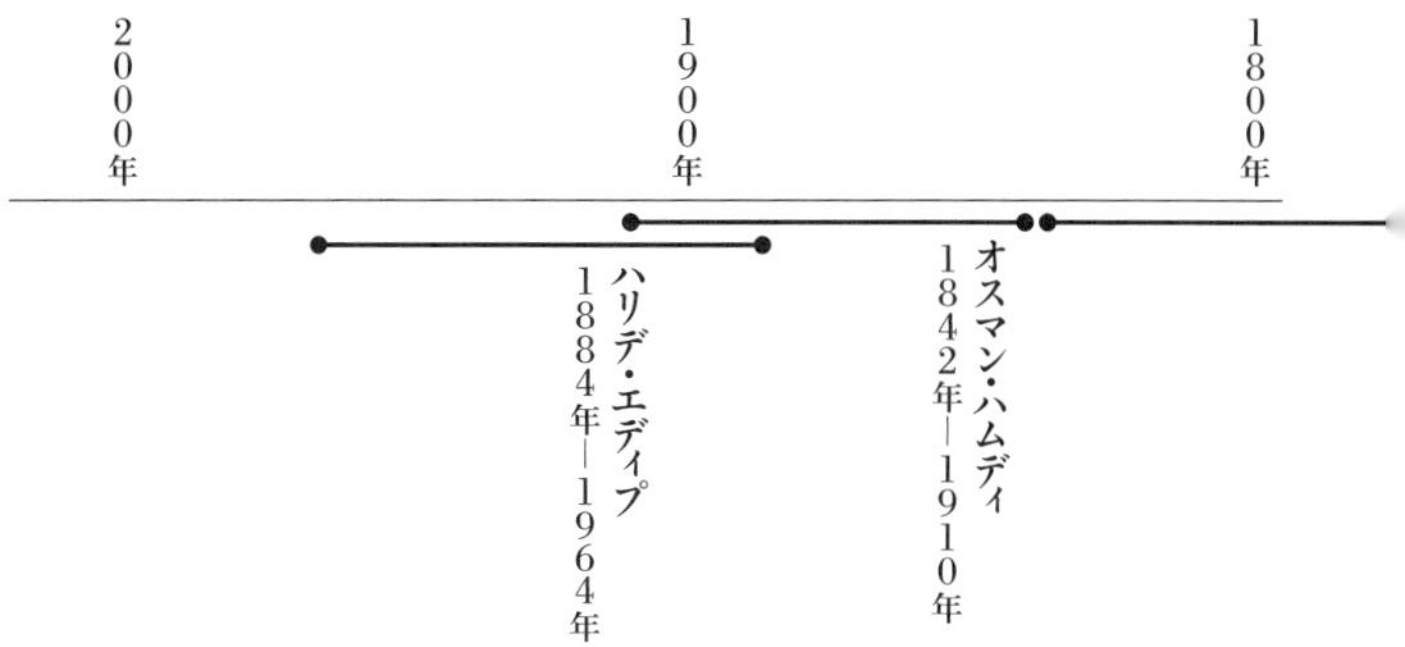
1800年
1900年
2000年
オスマン・ハムディ 1842年—1910年
ハリデ・エディプ 1884年—1964年

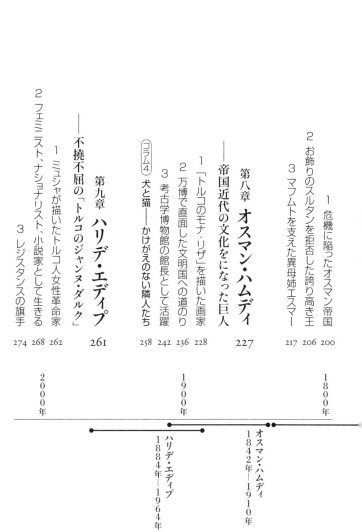

1900年
2000年
ムスタファ・ケマル 1881年—1938年

図版・DTP 美創

クリミア・ハン国
カッファ
コーカサス
黒海
ジョージア
カスピ海
エレヴァン
アナトリア
（都市・地名は次頁参照）
×チャルディランの戦い
アレッポ
キプロス島
サイダ
ダマスカス
バグダード
メッカ、メディナ
紅海
ペルシャ湾

オスマン帝国全図（17世紀中葉、最大版図のころ）

出典：大塚和夫他編『岩波 イスラーム辞典』（岩波書店、2002年）。
ただし、大幅な加筆修正をほどこしている

ロシア
ジョージア
アルメニア
トラブゾン（トレビゾンド）
×バシュケントの戦い
アマスヤ
スィヴァス
エルズルム
イラン
アウルナス
カイセリ
ヴァン
ヴァン湖
ネムルト山
カフラマンマラシュ（マラシュ）
ガーズィアンテプ
（アンテプ）
シャンルウルファ（ウルファ）
ネズィプ
イラク
シリア

アナトリア地図（国境線・国名は現在のもの）

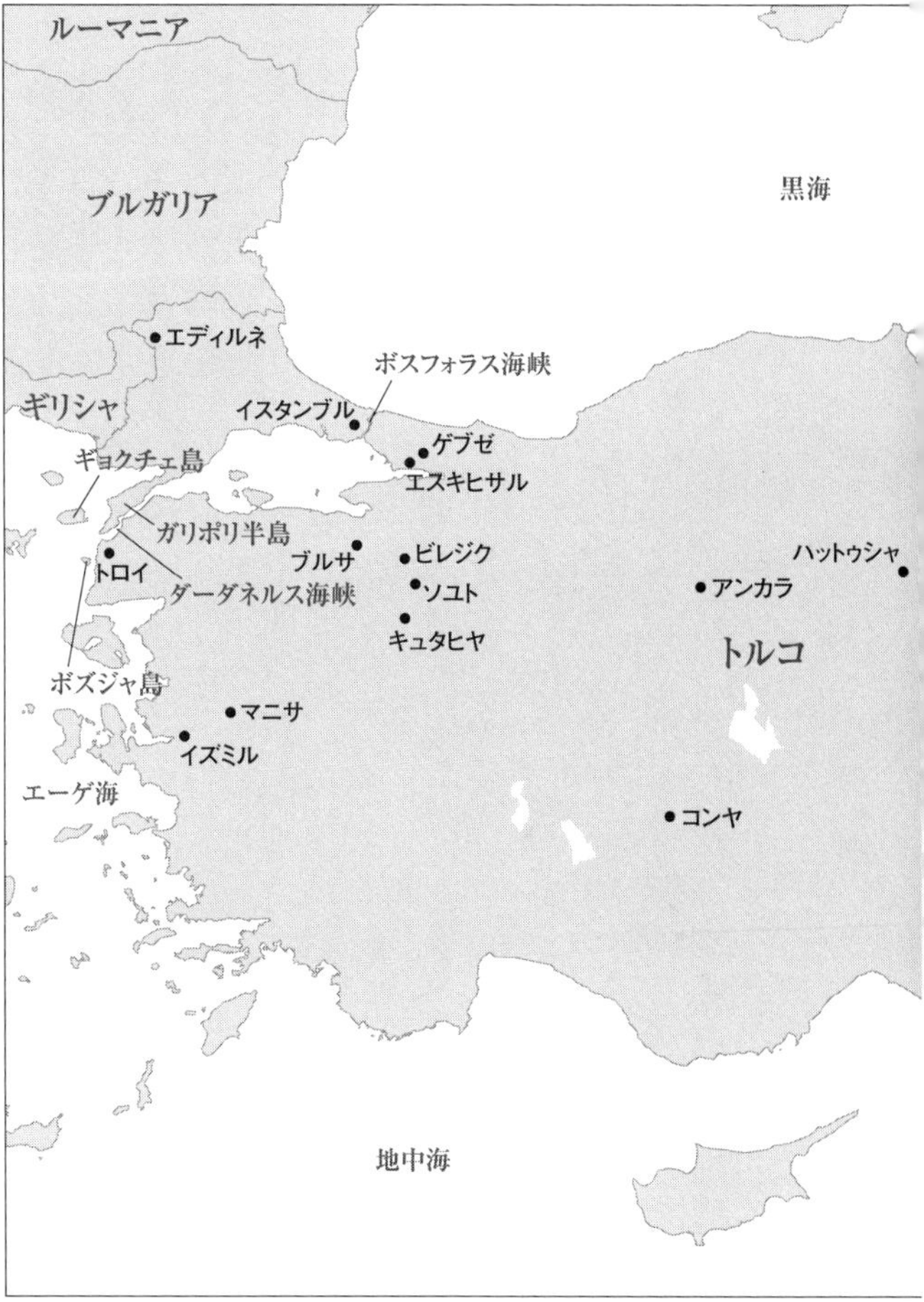

第一章　オスマン一世

——王朝の創始者たる信仰戦士《ガーズィー》

オスマン1世の肖像。作者不詳、おそらく19世紀の作品

1　黎明のオスマン帝国

創始者オスマンはどのように描かれてきたのか

ゆったりとした長衣《カフタン》を身にまとい、ターバンを頭に巻いたこの人物の名は、オスマン(位一二九九頃〜一三二四年頃)。オスマン一世、あるいは信仰戦士《オスマン・ガーズィー》オスマンとも呼ばれる。六〇〇年の長きにわたり存続したオスマン帝国の、創始者が彼である。

その右手は、腰に佩《は》いた刀の柄にかけられている。

伝承によれば、オスマンは、第三代正統カリフであったウスマーン(位六四四〜六五六年)の愛刀を所持していたという。代々、オスマン帝国のスルタンが即位するさいに執り行われた佩刀《はいとう》儀礼では、オスマン一世の刀も用いられた。いままさに刀を抜かんとする画中のオスマンの姿は、そうした由緒が意識されているのかもしれない。この絵の作者も描かれた年代も不詳であるが――おそらくは一九世紀のものであろう――、この強大な帝国の建国者にふさわしい威厳のある姿が描かれている、といえないだろうか。

とはいえ、現実のオスマンは、この絵のような端麗な容姿ではなく、豪華な衣装もまとっていなかったはずだ。粗野な衣服を身に着け、荒くれ者たちをたばねる棟梁として、猛々しい顔つきをしていたに違いない。

じつは、彼の事績や人となりについて、史実として確かなことはあまりわかっていない。オスマン帝国の年代記は、建国から一世紀以上のち、一五世紀に入ってからようやく書かれるようになるが、そこで描かれる始祖オスマンの姿は、かなり伝説化されているからだ。年代記以外の、たとえば銘文や公文書などの同時代史料もほとんど残っていないから、黎明期のオスマン帝国の歴史を、史実にもとづいて描き出すことは、きわめて難しい。

本章では、わかりうる限りの事実をおさえつつも、伝承に描かれるオスマンの事績をあわせて紹介していきたい。史実ではないとしても、オスマン帝国の人々が、始祖オスマンについて抱いていたイメージを、伝承はよく示しているからである。

オスマン登場前夜

まず、オスマン帝国が登場する一三世紀のアナトリアが、どのような状況にあったかを簡単に説明しておこう。アナトリアは小アジアとも呼ばれ、アジアの西の果てに位置し、現在のトルコ共和国の領土とほぼひとしい。

もともとアナトリアは、ローマ帝国が、そしてローマ帝国が東西に分裂したあとはビザンツ帝国（東ローマ帝国とも。三九五頃〜一四五三年）が治める地であった。そのローマの支配を脅かしたのが、ムスリム勢力の勃興である。七世紀、アラビア半島のメッカの地にて、預言者ムハンマドによって創始されたイスラム教を奉じるムスリムたちは、またたくまに勢力を拡大した。彼らは、やはりビザンツ帝国の支配下にあったシリア、イラクそしてエジプトを征服することに成功する。勢いにのるムスリム軍団は、アナトリアの奥深くまで攻め入り、ビザンツ帝国の首都コンスタンティノープルを攻撃するが、さすがに帝都の守りは固く、撃退された。

アナトリアの勢力図が大きく変わるのは、一〇七一年である。この年、当時のイスラム世界で威勢を誇っていたトルコ系の王朝であるセルジューク朝（一〇三八〜一一九四年）が、ビザンツ帝国軍を東アナトリアで打ち破った。このマラズギルトの戦いを契機に、アナトリアにおいてトルコ系ムスリムの侵入が本格化する。衰退しつつあったビザンツ帝国の領土を侵食し、アナトリアに勢力を築いたのが、セルジューク朝の分家ルーム・セルジューク朝（一〇七七〜一三〇八年）であった。この王朝は、アナトリア中西部の都市コンヤを首都として、一三世紀の前半に最盛期を迎えたのである。

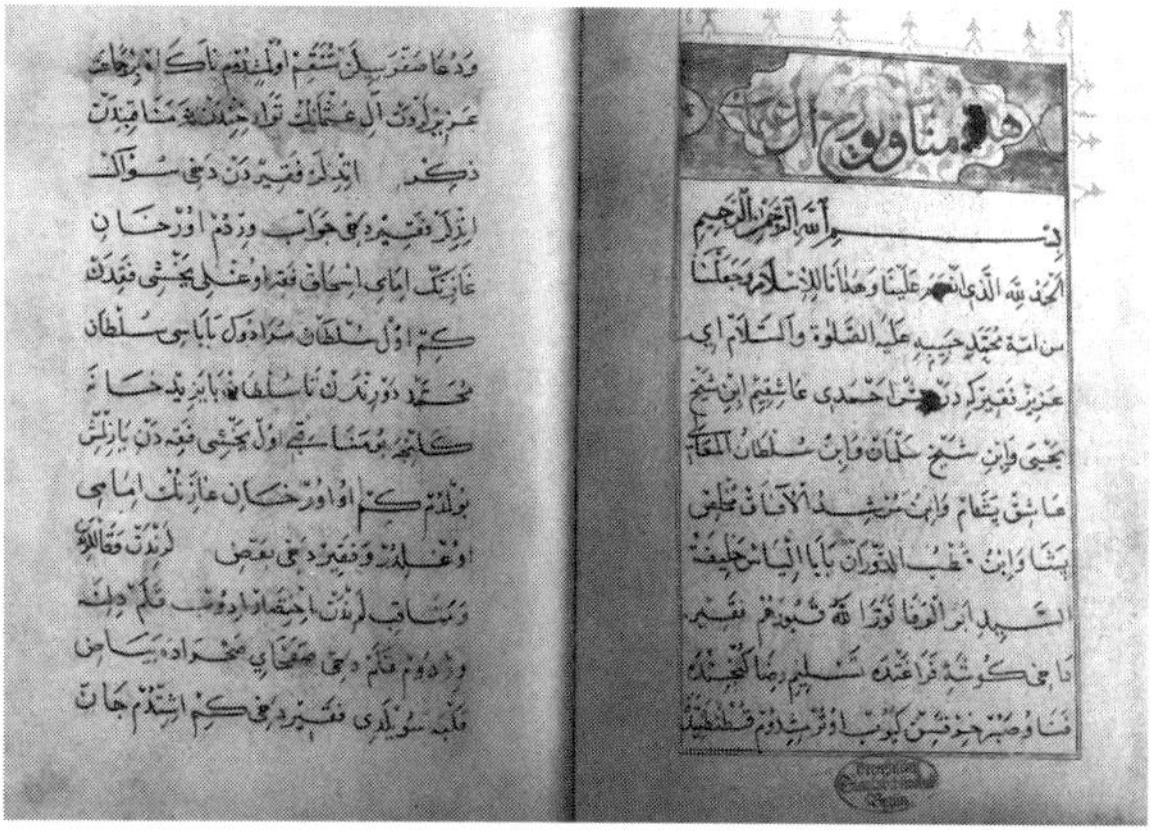

オスマン帝国に伝わる最古の年代記のひとつ『アーシュク・パシャザーデ史』(15世紀末成立)ベルリン写本冒頭

しかし、ルーム・セルジューク朝の繁栄は、東方よりモンゴル軍が侵入することで瓦解する。一二四三年、アナトリアに侵入したモンゴル軍にルーム・セルジューク朝軍は大敗を喫し、モンゴルの属国となった。こうして、アナトリアを統べる大勢力が不在となるなか、小規模なトルコ系遊牧集団が、いくつもの侯国をつくって角逐を繰り返す。アナトリアはさながら群雄割拠の時代を迎えたのである。そのなかにあって、北西アナトリアの片隅でひっそりと活動を開始したのが、オスマン率いる集団であった。

オスマン家の正統性はどう保たれたのか

彼ら、オスマンとその祖先は、どこから現

れたのだろうか。

オスマン帝国の歴史家たちが語る王家の系譜は、『旧約聖書』に登場する最初の人間、アダムとイヴにまでさかのぼる。イスラム教は、先行する一神教であるユダヤ教・キリスト教と、歴史観を共有しているからである。

アダムとイヴの子孫は産み栄え、人々は地に満ちていったが、同時に堕落し神を畏れなくなった。神は怒り、人間を滅亡させようとしたが、ノアと彼の仲間だけは、その信仰によって箱舟を造り、神が起こした大洪水を生き延びたのだ。洪水が収まったあと、地上に残ったのは彼らだけであった。そしてその後の人間はみな、ノアの三人の息子であるセム、ハム、ヤペテの血筋ということになる。一般に、ユダヤ人やアラブ人はセム、黒人はハム、そしてそれ以外の民族はヤペテの子孫とみなされた。

そのヤペテの子孫のひとりが、オグズ・ハンという、伝説上のトルコ人の王であった。オグズ・ハンは、架空の英雄であり、現実には存在しなかった人物である。しかし、オグズ・ハンが世界各地を征服し、彼のもうけた子供とその孫たちがトルコ人のさまざまな氏族の名祖となったことは、トルコ人のあいだで広く信じられていた。たとえば、セルジュ一ク朝はクヌク氏族の出身とされるが、その名祖はオグズ・ハンの第四子デニズの、その

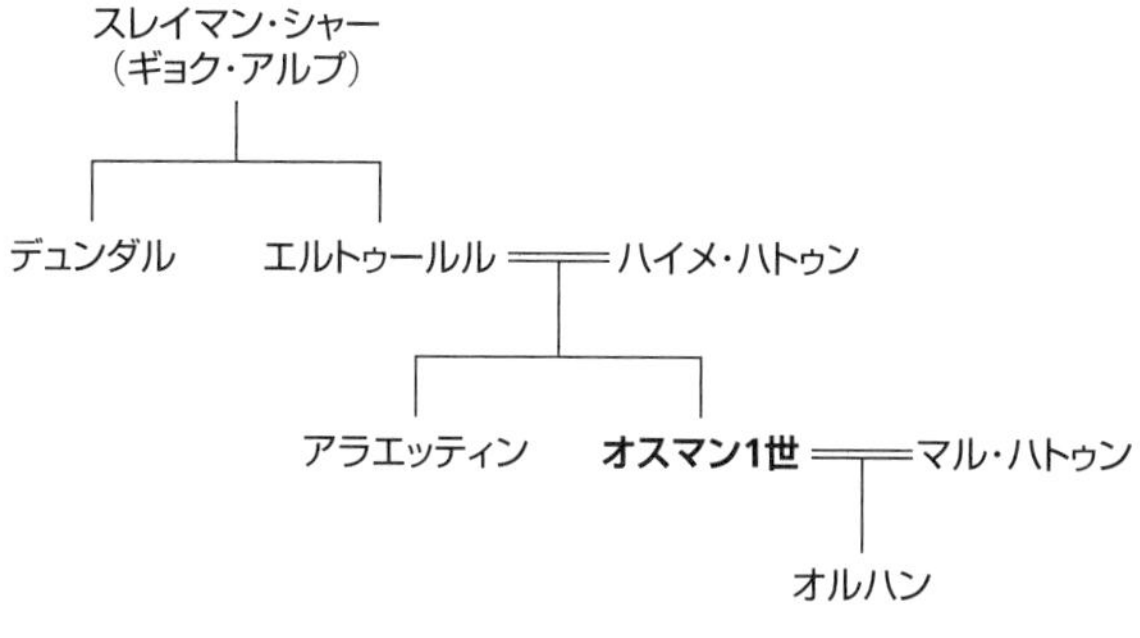

オスマン1世の系図。ただし、スレイマン・シャー、デュンダル、ハイメ・ハトゥン、アラエッティンは実在の人物ではない

また第四子クヌクである。

オスマン帝国の歴史家たちによれば、オスマン王家は、オグズ・ハンの長子ギュンの長子、カユを名祖とするカユ氏族の出身とされる。そのカユ氏族は、トルコ人の王を継ぐ正統性を持つ氏族であった。すなわち、オスマン王家は、生まれついてのトルコ人の王となる家系なのである。

以上のように、アダムからノアとその息子ヤペテ、そしてオグズ・ハンをへてカユ氏族にいたるというのが、オスマン帝国の歴史家たちが唱える定説である。もちろん、アダムやノアなど、『旧約聖書』に由来する系譜は史実とはいえないし、オグズ・ハンにまつわる系譜も同様である。

それどころか、オスマン王家がカユ氏族出身であるというのも、疑問なしとはしない。古年代記のなかには、オスマン家はカユ氏族ではなく、オグズ・ハンの第三子であるギョクの子孫だとするものがあるからである。つまり、オスマン王家がカユ氏族の裔《すえ》であるという主張もまた、オスマン王家による支配の正統性を強めるため、あとになってから捏造された可能性が高いのである。

結局のところ、オスマン家は、氏素性の定かではない出自だった、というほかはない。

2 なぜ「オスマン」という名前になったのか

「オスマン」は本名か

由緒ある血筋ではないとしても、オスマン帝国で著された史料が基本的にトルコ語であり、初期オスマン集団に登場する人々の名の多くがトルコ語に由来することを考えると、彼らがトルコ系の出自だったとはいえる。

いま、彼らの人名の多くはトルコ語に由来する、と述べた。そうであれば、奇妙なのは国父オスマンの名である。

「オスマン」とは、もともとのアラビア語での発音であれば「ウスマーン」。「ウスマーン」のトルコ語訛りが「オスマン」である。ウスマーンとは、イスラム教における第三代正統カリフの名で、もともとアラブ人が用いていた由緒正しい名前である。イスラム世界の辺境に誕生したばかりのトルコ系集団の長が、オスマンというアラブ名を用いていたというのは不自然である。オスマンの父エルトゥールルも、オスマンの子オルハンも、トルコ系の名前であることを考えると、なおのこと奇妙さを感じさせる。

これについて、ひとつの仮説が提示されている。

オスマンの名は、もともと「オトマン」であった。オトマンはトルコ系の名前であり、トルコ系集団の棟梁がこの名を持つのは自然である。そして、オトマン率いる集団が、のちにイスラム教を奉じる強国として発展していったさいに、オトマンと音の似た、しかしよりイスラム的な由緒を持つオスマンという名前が代わりに用いられるようになった、というのである。

ヨーロッパの言語で彼らが「オットマン（英語では Ottoman）」と呼ばれていることは、この仮説を補強している。西洋人は、名前の由緒などを気にせずに、耳で聞いた音をそのまま呼び名とすることが多い。だから、当初オトマンと呼ばれていた彼らの名を、少し訛ったオットマンという形で受容し、いつしかオトマンがオスマンに取って代わられたあとも、西洋人はそのままオットマンと呼びつづけたのだ——これを証明するのは難しいが、十分に説得力のある仮説のように思われる。

男たるもの、敗者を助けねばならぬ

伝承によれば、オスマンの祖先は代々、イラン東部にある町の統治者であった。しかしこの地方は、モンゴルの圧力が増してきたために、不穏な情勢となっていた。そのため、オスマンの祖父スレイマン・シャーは、五万戸のトルコ遊牧民の人々とともに、西方へと移住することにしたのである。

しかしスレイマン・シャーは、シリアの都市アレッポ近郊でユーフラテス川を渡ろうとしたさい、落馬して溺死してしまう。ちなみにスレイマン・シャーのものとされる墓は、現在もシリア北部に存在し（ただし、ダム建設のために本来の場所からは移転している）、そこは飛び地のトルコ領となっている。

スレイマンが不慮の死を遂げたのち、四人の息子のうち三人は東方に取って返そうと主張し、多くの人々もそれに同調した。しかし、息子のひとりエルトゥールルは、なおも西方に向かうことを主張し、四〇〇戸の人々のみを引き連れ、ふたたびアナトリアへの道を急いだのである。

エルトゥールルがアナトリアに入ってしばらく進んだとき、ふたつの軍団が争う戦場に遭遇した。一方の軍団が優勢であり、決着は近いと思われた。エルトゥールルは、優勢な側に味方したほうがよいとする配下の進言をさえぎり、「男たるもの、敗者を助けねばならぬ」と宣言して劣勢にあった側を助け、これを勝利に導いたのである。果たして、前者はタタール（モンゴル）の軍団であり、後者は、ルーム・セルジューク朝スルタンのアラエッティンが率いる軍団であった。アラエッティンはいたく感激し、エルトゥールルとその一行に褒美を与えたほか、エルトゥールルを北西アナトリアの小邑《しょうゆう》ソユトの領主に任じた。こうしてエルトゥールルは、ソユトを拠点に、ルーム・セルジューク朝のスルタンに仕えて聖戦《ガザー》に参加し、勢力を伸ばしていった。

オスマンの父エルトゥールル

伝説と史実のあいだ

以上の伝承は、オスマン帝国の人々のあいだで、口伝えで語り継がれてきた物語が、いつしか年代記のなかに取り込まれたものである。語り部がオスマンの祖先についての英雄譚を語ると、彼を取り囲む聴衆はそれに聞き入り、血沸き肉躍らせる——そうした情景が、あちこちで見られたに違いない。

口伝えの物語が、実際に起こった出来事と大きく異なっていることは、すぐに想像できよう。王朝の起源に、伝説はつきものである。歴史研究者は、伝説から史実を導こうと悪戦苦闘しているが、なかなか難しいのが現状だ。

とはいえ、こうした伝説を紡ぐ人々の心の動きを、事実ではないと否定して終わりとするのではなく、学問的に分析しようとする研究も試みられている。たとえば、オスマンの祖父は「スレイマン・シャー」だとされているが、古年代記の記録を精査すると、実際には「ギョク・アルプ」という人物がオスマンの祖父らしい。ルーム・セルジューク朝にスレイマンというスルタンがおり、いつしか彼とオスマンの祖父とがまじりあって伝えられたと考えられる。また、ルーム・セルジューク朝は実際にはモンゴルに敗北して属国となっているから、前者が後者に勝利するというストーリーは、敗北の現実を取り繕うために創作されたのであろう。さらには、ルーム・セルジューク朝で書かれた年代記にはオスマン集団への言及は一切ないため、伝承で語られるオスマン集団の「活躍」は、かなり誇張されたものとみなしうる。

父子相続のきっかけとなった、おじの殺害

エルトゥールルは、一説によれば九三歳で亡くなった。彼のあとを継いだのが、息子オスマンである。

オスマンの母が誰かは、わかっていない。いまのソユトには、オスマンの母として「ハイメ・ハトゥン」という女性の墓があるが、この墓は、一九世紀末にソユトが整備されたさいに新しくつくられたものであるし、そもそも「ハイメ」という人物は古年代記に登場しない。建国者の母が不明では格好がつかないため、近代になって創作されたのであろう。

オスマンの即位は、スムーズなものではなかった。エルトゥールルの死後、集団の指導者を誰にするかで、議論が起こったのである。ある者は息子オスマンを推し、またある者はエルトゥールルの兄弟（すなわちオスマンにとってはおじ）デュンダルをふさわしいとした。

オスマン王家の家系図を見ると、帝国の前半期は、つねに父から息子へ王位が継がれている。つまり、父子相続の原理が貫かれている。しかし、こうしたルールは、もともとトルコ系遊牧民に存在しないものであった。トルコ系遊牧集団において、指導者の後継者がどのように選ばれるかについて、明確な慣習はない。死去した指導者の弟が継ぐこともあれば、息子が継ぐこともある。その時点でもっとも力を持ち、一族の支持を集めた者が指導者になるという、いわば実力主義の世界であった。

結局、デュンダルは、オスマンの支持者が多いことを悟り、甥の即位を認め、彼に忠誠を誓った。

デュンダルは、しばらくのあいだ、オスマン集団の有力者のひとりとして襲撃にたずさわっていた。しかしオスマンが、キリスト教徒の治める町の攻略を試みたさい、デュンダルはこれに反対した。われらの南に位置するゲルミヤン侯国（オスマン集団と同じく、トルコ系ムスリムによって建てられた国）が敵対しているから、キリスト教徒と争うのは得策ではない、と主張したのである。オスマンはデュンダルの反対を快しとせず、邪魔者とみなして、機会をとらえて彼を弓矢で射殺してしまう。

側近であったおじを、意見の相違があったとはいえ殺害するとは、いかにも物騒である。

この背後に、オスマン集団のリーダーシップをめぐる、おじと甥のあいだの確執があったのは間違いあるまい。ある研究者は、この逸話は実際に起こった事件をもとにしている可能性が高い、としている。建国より一七世紀初頭まで続く、父子相続の端緒となった事件であった。

建国のいきさつには複数の説が存在

指導者となったオスマンは、北西アナトリアで略奪を繰り返し、徐々に勢力を拡大していった。その過程で、オスマン率いる集団は、単なる荒くれ者たちの寄り合い所帯から、ひとつの国としてふさわしい体裁を整えるようになってゆく。こうした発展のすえ、ついにオスマンはみずからの治める領土で、独立した政治権力であることを宣言するのであるが、それについてはいくつかの説が伝わっている。

ある年代記は伝える。

オスマン率いる集団は、ルーム・セルジューク朝の旗のもと、聖戦を繰り返した。ルーム・セルジューク朝スルタンのアラエッティンも、オスマンの働きに満足し、太鼓や旗、馬や剣などを贈った。オスマンはアラエッティンに敬意を表し、礼拝で太鼓を鳴らすとき、起立したという。この慣習は、オスマン帝国第七代スルタンであるメフメト二世の時代まで続いた。

アラエッティンには息子がおらず、オスマンに実子のごとく目をかけていたし、オスマン自身も、みずからを後継者であるとみなしていた。果たして、アラエッティンが亡くなると、オスマンは領地において、みずからの名前のもとでフトバを詠ませた。フトバとは、ムスリムにとって重要視される金曜礼拝のさいの説教であり、フトバには当地の支配者の名前が詠み込まれることになっている。つまり、これはオスマンが独立国家を築いたことを意味したのであった。

オスマンの独立について、もうひとつ、別の年代記の記述を紹介しよう。

ある町を征服したオスマンは、いまこそ独立すべきだと考え、配下のイスラム法官《カーディー》にたいし、みずからの名のもとにフトバを詠むように命じた。イスラム法官は動揺して、「ルーム・セルジューク朝スルタンの許可が必要です」と断ると、オスマンは「おれはこの町を、みずからの剣でもって得たのだ。なぜスルタンの許可がいるのだ！」と激怒した。法官は折れ、人々もオスマンの言を認めた。ここに、オスマンの名前でもってフトバが詠まれ、オスマンは独立したのである。

一方のオスマンは、ルーム・セルジューク朝に忠誠を誓いその後継者として独立し、もう一方のオスマンは、ルーム・セルジューク朝の権威を認めず強引に独立している。つまり、まったく逆のふたつの説が伝わっているのである。前者は、オスマンを美化しているのにたいし、後者は、思わぬ本音がもれている、と解釈できようか。のちのオスマン帝国の歴史家たちは、主として前者の説をやや簡略化して採用している場合が多い。オスマン帝国は簒奪者ではなく、アナトリアの正統かつ合法的な支配者である、との歴史観が好まれたのである。

建国年はいつか

ともあれ、オスマンは独立し、ここにオスマン帝国——いまだ帝国というほどの規模ではないが、便宜上こう呼んでおく——が成立した。

しかし、まだ問題がある。オスマンは何年に独立したのか、という問題である。

オスマン帝国の歴史書は、ふつう、帝国の建国を西暦一二九九年としている。この年は、イスラム暦では六九九年であり、くしくもふたつの暦において世紀末にあたる。一部の古年代記では、独立を一二九〇年ごろとするものもあるが、いつしか一二九九年の説が大勢

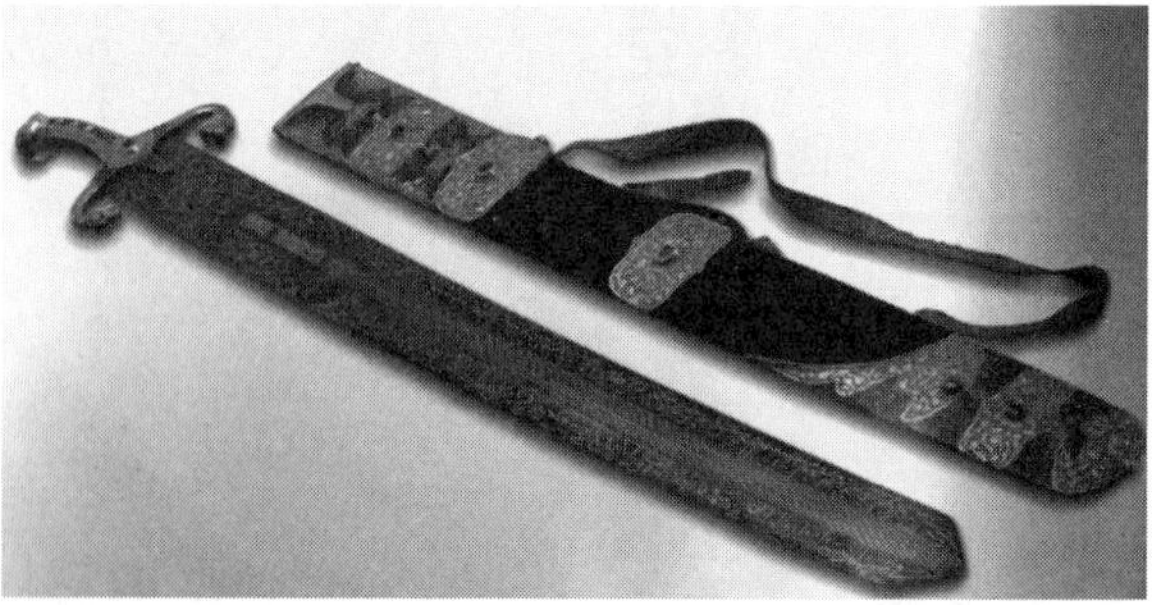

第3代正統カリフ・ウスマーンのものとされる剣（トプカプ宮殿所蔵）

を占めるようになった。

なぜ、一二九九年説が主流になったのか。明確に答えを出すことは難しいが、ここでひとつの仮説を提示しておきたい。イスラム教のハディース（預言者ムハンマドの言行についての伝承で、聖典クルアーンに次ぐ権威を持つ）には、世紀が変わるとき宗教の革新者《ムジャッディド》が現れる、というものがある。「宗教の革新者」が具体的に誰なのかについては諸説あるが、帝国の歴史家たちは、オスマン一世をそのひとりと位置づけている。オスマンが宗教を革新する者であれば、彼の台頭は、世紀の変わり目に求められねばならない。そのため、建国はイスラム暦六九九年とされたのではないだろうか。

なお、同時代の史料において、はじめてオスマンとその集団が記録に残されるのは、一三〇二年である。この年、オスマン軍がビザンツ帝国軍を破ったことが、ビザンツ帝国の史家によって伝えられている。トルコにおけるオスマン帝国史研究の大家ハリル・イナルジュクは、これをもって建国年としているが、それもひとつの見識であろう。

3　オスマンが戦った「聖戦」の真実

オデュッセウスのように戦う

伝承において、オスマンは精力的に異教徒（ほとんどの場合、キリスト教徒のことを指す）と戦い、イスラム教の「聖戦《ガザー》」に従事した。それゆえオスマンは、後代の人々に「信仰戦士《ガーズィー》」と呼ばれるようになる。

それでは、古年代記から、オスマンのたずさわった聖戦の一例を見てみよう。

ある町に住む異教徒は、オスマンと長いあいだ友好関係を結んでいた。婚礼があればオスマンを招待し、贈り物を届けあう仲だった。また、遊牧民としての慣習を残すオスマンたちは、冬は暖かい低地で、夏は涼しい高地で過ごすのを常としていた。彼らが高地に移住するさい、ふもとの町に住む異教徒に、不要な荷物を預けることすらしていたのである。

しかしオスマンはあるとき、この町を征服する決心を固めた。異教徒から婚礼の祝宴に誘われたとき、オスマンは「われらは狭いところでの宴に慣れていないから、郊外で祝おうではないか」と提案し、異教徒もそれを受けた。

いままさに婚礼が郊外で行われているとき、オスマンは、婚礼の祝いの品として牛に荷物を負わせて町に送りとどけた。しかし、牛が背負う荷物は、贈り物ではなく、オスマン配下の戦士たちだった。町の城門に入ったとたん、オスマンの戦士たちは毛布をはねのけ、門衛を切り殺しておどりこんだ。異教徒の多くは婚礼のために郊外にいたから、彼らはたやすく町を征服することができたのである。

ここからわかるのは、オスマンは、「信仰戦士」という呼び名から想像できるような、イスラム教の大義を重んじて聖戦に身をささげる人物ではなかったことである。正々堂々一軍を率いて合戦するのではなく、策略（ぺてん、といってもよい）を駆使し、だまし打ちをして勝利を得る人物として描かれている。もちろん、こうした物語に耳を傾ける人々は、策略を不名誉なことだとみなさなかったはずだ。「トロイの木馬」を考えついたギリシャ神話の英雄オデュッセウスのように、英雄伝承においては、しばしば主人公はトリッキーな方法で成果を勝ち取るものなのである。

キリスト教徒との関係をどう理解するかも、一筋縄ではいかない。ストーリーの都合上、異教徒は敵役として描かれるが、物語の前半では、オスマンと異教徒との友好的な関係が語られている。オスマンは、後述するようにキリスト教徒の戦士と友誼を結んでいたし、その一方で、同じムスリムである近隣のトルコ系侯国とは争いが絶えなかった。また、トルコ系の人々が深く影響を受けていた、当時のアナトリアで力を持っていたイスラム神秘主義教団のなかには、キリスト教徒もわけへだてなく受け入れていたものもあった。当時のトルコ系の人々にとって、同じ一神教であるキリスト教とイスラム教の区別は、あいまいだったのである。

間違いなくいえるのは、「ムスリム対キリスト教徒」あるいは「ムスリムとキリスト教徒の共存」というわかりやすい図式では解釈できないほど、当時のアナトリアは敵味方が入り乱れ、混沌とした世界だった、ということだ。

税金を知らないオスマン

有能な軍事指導者であったオスマンであるが、彼の行政面での姿を伝える面白い逸話がある。

カラジャヒサルという町を征服したとき、そこの市場では、荷物ごとに銀貨二枚の税金が徴収される慣習があった。まずオスマンは「税とはなんだ?」と聞き、その内容を知ると、みずから稼がずに金を徴収するとは! と怒った。しかし、これは慣習である、と説明され宥められたオスマンは、法を厳しく守ることを条件に、税の徴収を認めたのであった。

この逸話は、一見したところ、オスマンの無知を示しているかのようだ。略奪を旨としていたオスマンたちが、税金による利益を異質なものとしてとらえていたのは、確かであろう。しかしこの逸話は同時に、金銭に頓着しない清貧さと鷹揚さ、法を厳格に守らせる峻厳さといった、オスマンの美徳を暗に示してもいる。この逸話を伝えた人々は、公正に税を徴収してほしいという思いを、オスマンの事績に託したのであろう。

キリスト教徒の戦士、ミハル

オスマンは、略奪と紙一重の聖戦を繰り返し、徐々に勢力を拡大していく。もちろん、いかにオスマンが有能とはいえ、ひとりでは、のちに六〇〇年続くことになる帝国の礎《いしずえ》を築くことは難しかっただろう。オスマンの偉業は、オスマンを支えた盟友たちあってのことであった。ここでは、その盟友のうち、ふたりを紹介しよう。

そのひとりは、「髭なし《キヨセ》」の名を持つ、ミハルである。ミハルという名は、大天使ミカエルに由来する。その名が示すように、彼はキリスト教徒の戦士であった。当時のアナトリアには、アクリタイと呼ばれる、キリスト教徒の戦士たちがいた。彼らはビザンツ帝国に仕えて辺境の守備をになっていたが、ビザンツ帝国が衰えてのちは、独立の戦士集団として活躍していたのである。

ミハルも、そのようなアクリタイのひとりだったらしい。北西アナトリアの小村ハルマンカヤの領主であったミハルは、いつしかオスマンと意気投合し、ともに略奪を行う同胞となった。ミハルは戦場で活躍したのはもちろん、情報収集や、オスマン側とキリスト教徒側の交渉をになった。キリスト教徒であるミハルにとって、こうした活動は得手だっただろう。彼の助力は、オスマン集団の拡大に大きく寄与したはずである。ミハルは、オスマンと活動をともにしていたどこかの段階で、イスラム教に改宗したようだ。それがいつかは定かではないが、改宗後は「アブドゥッラー・ミハル」と呼ばれたともいう。

ミハルの一族は、その後バルカン半島に渡り、そこで領地を与えられて豪族となった。

彼らは、キリスト教諸国と戦うさいの先兵《アクンジュ》としての役割をになうようになる。たとえばミハルの子孫であるガーズィー・アリ・ベイは、一四六二年、「串刺し公《カズクル・ヴォイヴォダ》」と恐れられたワラキア公ヴラド三世の軍を撃破し、トランシルヴァニアに追いやった。また、イランに勃興したサファヴィー朝（一五〇一～一七三六年）を、オスマン帝国が打ち破ったチャルディランの戦い（一五一四年）でも、ミハル家の人物が司令官のひとりとして参加している。オスマン帝国が拡大していくにつれ、彼ら豪族たちの出番は減ってゆくが、近代になってもミハル一族は存続したのであった。

精神面でオスマンを支えた導師、エデ・バリ

オスマンを軍事面で支えた人物がミハルだとすれば、精神面そして行政面でオスマンを支えたのがエデ・バリである。

カラマン地方（ルーム・セルジューク朝の中心で、アナトリアのなかではもっとも文化的に進んだ地であった）でイスラム学者《ウラマー》としての教育を受けた彼は、学問のためシリアの都ダマスカスに遊学した。アナトリアに戻ったのちは、北西アナトリアの町ビレジクにイスラム神秘主義の修行場を構え、導師としてこの地域一帯の敬意を集める有力者となって

いた。

伝承によれば、エデ・バリの噂を聞きつけたオスマンは、彼のもとを訪れた。ひとしきりイスラム教についての教えを受け、彼の屋敷に泊まったオスマンは、その夜、奇妙な夢を見た。エデ・バリの胸から月が生まれ、その月がオスマンの胸に入ると、オスマンから巨大な樹が生え、その樹は世界を覆ったのである。目が覚めたオスマンは、夢の内容をエデ・バリに伝えた。エデ・バリは、その夢はオスマンが帝王となることを予言していると悟り、娘マル・ハトゥンをオスマンにめあわせたのである。

これは有名なエピソードであるが、その真偽には疑問符がつく。というのも、オスマンにマル・ハトゥンという妻がいたのは確かだが、彼女の父はオメル・ベイという人物であり、エデ・バリではないからである。

逸話の信憑性はともかく、宗教的名士であったエデ・バリが、この武辺一辺倒であったオスマンに、彼の宗教ネットワークを駆使した惜しみない援助を与えたのは確かなようだ。エデ・バリのもとには、イスラム法《シャリーア》を修めた知識人たちが育っており、オスマンの地方統治のための人材を提供することができた。第二代スルタンであるオルハン（位一三二四頃〜一三六二年）の時代から、一〇〇年にわたって大宰相を輩出したチャンダルル家も、エデ・バリの関係者だという説がある（ただし、史料的根拠は不十分なようである）。

オスマンの死去〜伝説から歴史へ

オスマンの晩年には、息子オルハンが軍事行動の指揮を執るようになっていた。一三二四年前後に、オスマンはソユトで死去した。六九歳だったと伝えられるが、もちろん、正確な年齢ではなかろう。オスマンのあとを追うように、エデ・バリとその娘も亡くなったという。

オスマンが死去したとき、オルハンはビザンツ帝国の重要な地方都市であるブルサを攻略しているさなかであった。オスマンが亡くなった知らせを受けたオルハンは、ブルサの攻囲をとき、オスマンのもとに駆け付けた。オスマンは、オルハンに遺言を残していた。ひとつ、自分の遺骸はブルサに埋めること。ひとつ、イスラム法に従った統治を行うこと。ひとつ、彼につき従う者たちに目をかけ、手厚くあつかうこと……。

伝承によれば、残されたオスマンの息子はふたりであった。オルハンと、アラエッティンである。オルハンはアラエッティンに即位するよう勧めるが、それを断ったアラエッティンはオルハンに玉座を譲り、みずからは田舎の領主となるにとどまった。あるいは、宰相としてオルハンの片腕になったとも伝えられる。

ただし、オルハン時代に作成された宗教寄進文書《ワクフ》（オスマン帝国に伝わる最古の公文書のひとつ）には、オスマンの五人の息子――オルハン、チョバン、メリク、ハミト、パザルル――と娘ファトマの名が記されているのだが、そのなかにアラエッティンという名はみえない。これについて、「パザルル」がアラエッティンであるとか、アラエッティンはオルハンのもとを離れているから文書に名がないのだという解釈も提示されている。しかし、そもそもアラエッティンという人物は架空の存在であり、アラエッティンとオルハンのあいだの麗しい兄弟愛は、のちのオスマン王家の慣習となる兄弟殺しを糊塗するため（あるいは批判するため）、いつしか語られるようになった創作である、と解釈するほうがしっくりくる。

ともあれ、始祖オスマンの後継者は、オルハンとなった。彼は、一三二六年、あらためてブルサを攻略し、ここをオスマン帝国最初の都と定める。遺言通り、オスマンの遺骸はブルサに移され、「銀のドーム」と呼ばれる修道院に埋葬された。この建物は、一八五五年に地震で崩壊したが、一八六三年、当時のスルタンであるアブデュルアズィズの命令によって新しい墓廟《ぼびょう》が建てられた。いま、私たちがブルサで目にすることができるオスマンの墓廟は、このときに再建されたものである。

オルハンは、四〇年におよぶ長い治世のなかで、ビザンツ帝国の王位継承者争いに介入し、はじめてバルカン半島に進出、オスマン帝国の勢力を大きく拡大させた。国内の統治が整備されたのも、彼の治世である。あたかも英雄伝承のように語られるオスマンの時代は過ぎ去り、オルハンの時代より、オスマン帝国はその歴史を紡ぎはじめたのであった。

第二章　メフメト二世——帝国をつくりあげた征服王《ファーティフ》

ジェンティーレ・ベッリーニ画、メフメト2世像。1480年作

1　一五〇〇年続いた「兄弟殺し」のならわしとは

ヴェネツィアの画家が描いた、征服王の肖像

ロンドン、ナショナル・ギャラリー。

ヨーロッパの王侯貴族の肖像画が壁面に隙間なく飾られたこの美術館にあって、ターバンをまとったこの人物の肖像は、異彩を放っている。

肖像の人物は、メフメト二世（位一四四四〜一四四六年、一四五一〜一四八一年）という。オスマン帝国第七代のスルタンであり、征服王の異名をとる。この国を、真の意味で「帝国」たるにふさわしく作り上げた、オスマン帝国でもっとも有名な君主のひとりが、彼であった。

この肖像画は、ヴェネツィアの画家、ジェンティーレ・ベッリーニの手によるものである。

ベッリーニ家は、画家一族であった。父も弟も高名な画家であり、ヴェネツィアにおけ

るルネサンス美術を牽引した彼は、オスマン帝国とヴェネツィアとの長い戦いが終わった一四七九年、メフメト二世に招聘されて帝都イスタンブルを訪れた。メフメトは、偶像崇拝を忌避するイスラム教の規定を意に介することなく、この異教徒の画家にさまざまな油彩画を描かせたのであった。ベッリーニによるメフメト二世の肖像は、一四八〇年の作である。

それから間もない一四八一年にメフメト二世が死去したのち、王位を継いだ息子のバヤズィト二世（位一四八一〜一五一二年）は、父王のコレクションを西洋人に売り払った。イスラム神秘主義に傾倒していた彼にとって、父王の西洋趣味は、理解できないものだったのだろう。その後、ヴェネツィアのコレクターが所蔵していたこの絵を、考古学者としてオスマン帝国に長く滞在した経験のある英国人オースティン・レヤードが一八六五年に購入、彼が死去すると彼の妻がナショナル・ギャラリーに寄贈したのであった。

伝存するこの絵は、遍歴のなかで傷んだためか、かなりの修復がほどこされている。すくなくともベッリーニその人の筆遣いは、もはや失われてしまったようだ。しかし、メフメト二世の顔かたちそのものは、大きく変わっていないとされる。

突き出た顎と高い鼻梁を持ち、細面で色白のメフメトの絵姿からは、繊細にして怜悧な印象を受ける。オスマン王家のもともとの出自はトルコ系であるが、君主たちの母はほとんどが非トルコ系、おそらくはセルビア人やギリシャ人であった。してみると、彼の風貌は、アナトリアとバルカン、ムスリムとキリスト教徒が混交したなかで誕生した、この帝国を体現しているといってもよいかもしれない。

およそ四〇〇年後、この絵をもとに描かれたメフメト二世像を目にしたスルタン・アブデュルハミト二世（位一八七六〜一九〇九年）は、メフメト二世の容貌が、子孫である自分に似ているため驚嘆したという。この逸話はできすぎとしても、メフメト二世が、のちのオスマン王家の人々にとって強く意識される存在であったことは間違いない。

オスマン帝国の人々からは「征服王《ファーティフ》」と称えられる一方、ヨーロッパ人からは「第二のルシファー」あるいは「毒竜」と呼ばれ恐れられたメフメト二世は、いかなる人物だったのだろうか。

誰が本当の母親か

オスマン帝国はオスマン一世による建国後、東西にその領土を広げていった。とくに第四代君主バヤズィト一世（位一三八九〜一四〇二年）は「稲妻王《ユルドゥルム》」と呼ばれ、ヨーロッパの十字軍を打ち破った英傑であった。

しかし彼は、一四〇二年のアンカラの戦いにおいて、チンギス・ハンの継承者を自任するティムールに敗れる。崩壊し滅亡の危機に瀕した帝国を立て直したのが、バヤズィト一世の息子メフメト一世（位一四一三〜一四二一年）であった。彼を継いだムラト二世（位一四二一〜一四四四年、一四四六〜一四五一年）も有能な君主であり、彼の時代、帝国はバヤズィト一世時代の旧領をほぼ取り戻すことに成功した。

メフメト二世はそのムラト二世の王子として、一四三二年三月三〇日、当時の首都であったエディルネで生まれた。

彼の母が誰かについては、ふたつの説がある。

ひとつめの説は、一四三五年にムラト二世と政略結婚をしたセルビアの王女、マラがメフメトの母であるというものである。

メフメト二世が彼女を「わが母」と呼んでいる史料が残っていることから、この説には根強い支持がある。しかし、彼女が結婚した年にはすでにメフメトは生まれていたから、彼女がメフメトの実母ではないのは明らかである。およそ一六歳で輿入《こし》れしたマラは評判の美女であったというが、ムラトは彼女と子をなそうとはしなかったとも伝えられる。

生母でないとはいえ、メフメトは幼少のころからこの女性と親しくしていた。先の「わが母」という呼びかけは、メフメトがこの義母に深い親愛の情を寄せていたためであろう。メフメトがコンスタンティノープル攻略を思い立ったのは、彼女が幼いメフメトに、この町の地図を見せたゆえであったともいわれる。メフメトが即位するとマラは故郷に隠遁《いんとん》するが、メフメトとの交流は続き、セルビアやヴェネツィアとの外交に仲介役を果たすこともあった。

実際にメフメトの生母であったのは、ヒュマー・ハトゥンという女性である。その身分は、おそらく奴隷であった。「ヒュマー」という彼女の名（楽園に住まう鳥を意味する。「ハトゥン」は女性への敬称）は、しばしば奴隷に与えられるものだったからである。彼女の父がキリスト教徒らしいことも、この仮説を補強している。

イスラム世界の王朝において、君主は子をなす相手として、しばしば奴隷を選んだ。イスラム法において、奴隷は一定の権利を保障されていたし、正室の子も奴隷の子も、ひとしい権利を持っていた（本書八一頁参照）。また奴隷は親族による後ろ盾を持たないことから、国政に介入する外戚の存在を排除できるという利点があった。そのため、奴隷が母であるということは、オスマン王家にとってなんら瑕疵《かし》のない、むしろ有利なことであっ

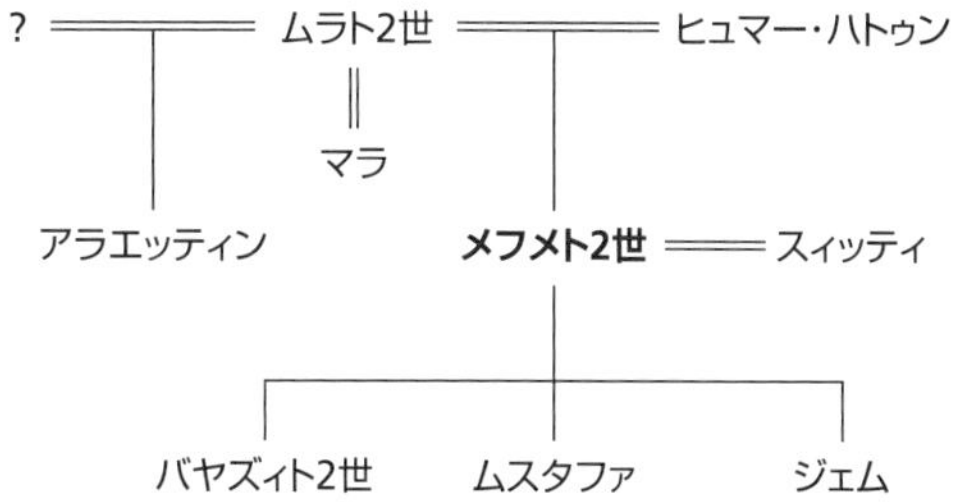

メフメト2世の系図

た。

　メフメトの実母であったヒュマーが、どのような人物であったかはほとんどわかっていない。やや後代の史料には、フランス人、あるいはイタリア人だったという記述もある。のちにオスマン帝国とフランスが同盟を結び、フランスに交易特権《カピチュレーション》が与えられたのは、オスマン王家にフランス人の血が混じっていたからであるともいわれた。しかしこの説には根拠がなく、無責任な噂以上のものではなかったようだ。

　帝国の旧都ブルサにある彼女の墓が一四四九年に建てられていることから、彼女はメフメトの本格的な即位を待つことなく早世したらしい。メフメトが義母マラと親しくしていたのは、実母を早くに亡くしたことが理由だったかもしれない。

高名なイスラム学者に学ぶ

さて、幼いメフメトは、教師の言うことを聞かない、わがままな王子であったようだ。父王ムラトが任じた教師たちは、メフメトの癇癪《かんしゃく》に手を焼き、次々と辞任していった。

そのメフメトを変えたのが、当代一流のイスラム学者《ウラマー》、アフメト・ギュラーニーである。ブルサのイスラム学院《マドラサ》で教鞭をとっていたギュラーニーは、厳しい態度で王子に接した。ムラト二世から与えられた杖を手にして、ギュラーニーはメフメトに言ったという――

「従わなければ、父王が与えたこの杖で殿下を打ち据えますぞ」と。厳格なギュラーニーを師父としたメフメトは、君主としてふさわしい教養を身につけていった。

メフメトは即位後、かつての師を宰相に任じようとしたが、ギュラーニーは「軍人や政治家として陛下に仕えている者が宰相になるべきであり、私が宰相の職に就くのは秩序を乱すものです」と、それを固辞した。代わりにギュラーニーは、イスラム学者として法官の職を歴任し、メフメトの治世を支えた。

またメフメトは、イスラム的な学問だけを学んでいたわけではない。彼は、トルコ語のみならず、ギリシャ語やセルビア語も流暢《りゅうちょう》に話したという。メフメトがヨーロッパの言語や文物に興味を示したのには、前述の義母マラが与えた影響もあったろう。

元キリスト教徒の奴隷を登用

こうして成長したメフメトは、一四四三年、アナトリア西部の要地マニサの太守に任じられる。この時代の王子たちは、長じたのちは宮廷を離れ、地方都市の太守の職に就くのが慣習であった。任地で王子は、「ミニ宮廷」とでもいうべき組織をつくり、統治の経験を積むのである。

王子メフメトの側近には、ザガノス・パシャを筆頭として、身分的には奴隷の、元キリスト教徒の改宗者が集っていた。こうした奴隷身分の臣下を総称して、「王の奴隷《カプクル》」と呼ぶ。これまでのオスマン帝国の重臣たちは、メフメト二世即位時の大宰相であるチャンダルル・ハリル・パシャのような、自由人ムスリムの名士たちが占めていた。しかし、メフメト二世の時代以降、より君主に忠実な臣下として、急速に奴隷たちが台頭してくるのである。

ところでメフメトには、腹違いの兄がいた。名をアラエッティンといい、アマスヤの太守を務めていた。父王ムラト二世は、アラエッティンを王位継承者として見込んでいたが、そのアラエッティンが殺害されるという凶事が起こる。下手人は、彼の側近のひとりであった。王位継承のライバルである弟王子メフメトの教唆《きょうさ》によるものだという説もあるが、単なる憶測にすぎまい。

最愛の王子の死を悲嘆したムラト二世は、一四四四年、王位をメフメトに譲り隠遁する。オスマン帝国史上、例をみない生前退位である。ムラトは退位にあたり、周辺諸国との和平を結ぶなど周到な準備をしていた。しかし、わずか一二歳で即位したメフメトの最初の即位は、長くは続かなかった。ムラトの退位を好機とみて、和平を破ったハンガリーやワラキアが侵攻すると、一四四六年にムラトが復位することとなる。

玉座を降りたメフメトは、ふたたびマニサに戻り太守を務めた。父王の訃報が届いたのは、その五年後である。一四五一年、ムラト二世の死去にともなって帝都イスタンブルに戻り二度目の即位を果たしたメフメトは、まず、彼の即位直前に生まれていた、まだ乳児であった弟アフメトを処刑させた。王位継承争いの芽をつむ「兄弟殺し」の法は、こののち一五〇〇年間、オスマン家のならわしとなる。

2　コンスタンティノープル攻略と「帝国」の誕生

中世の終止符――コンスタンティノープルの征服

即位間もないメフメトは、これまでのスルタンたちがなし得なかった大事業に着手する――コンスタンティノープルの攻略である。

かつてビザンチウムと呼ばれたこの都は、四世紀、ローマ皇帝コンスタンティヌス一世（位三〇六～三三七年）の名にちなんでコンスタンティノープルと改名された。ローマをしのぐ都として発展したこの町は、西ローマ帝国が滅亡したのちも、東ローマ帝国、いわゆるビザンツ帝国の帝都として繁栄した。

ビザンツ帝国がその栄華を失い、ボスフォラス海峡の一角のみを支配するにすぎない一小国となり果てたあとも、コンスタンティノープルを守る三重の大城壁は、幾多の攻撃を退けてきた。五世紀の皇帝テオドシウス二世（位四〇八～四五〇年）の名を持つこの城壁のうち、もっとも巨大な内城壁は厚さ五メートルにして高さ一二メートル、九六の塔を持

コンスタンティノープルの大城壁

ち、おそらくはこの時代、世界でもっとも堅固なものであった。

　オスマン帝国も、これまで幾度となくこの都の攻囲を敢行してきたが、いずれも失敗に終わっている。ゆえに、ムラト二世時代より続いて国政を取り仕切っていた大宰相チャンダルル・ハリル・パシャは、コンスタンティノープルの攻略に反対した。ビザンツ帝国より貢納を受け取るという、これまで通りの関係を続けていくことを主張したのである。しかし、若く大胆なメフメト二世に、この老臣に従う気はなかった。

　攻略に先立って、メフメトは入念な準備を行っていた。まず、ボスフォラス海峡に砦を築き、黒海方面からの船の交通をコントロールする。ついで、ハンガリー人の技術者ウルバンに、巨大な大砲を作らせた。その大きさのため装填準備に時間がかかり、一日に七回しかその轟音を響かせることはできなかったが、この巨砲は、直径六〇センチメートル、重さ五〇〇キログラムを超える砲弾を放つことができた。ウルバンみずから「バビロンの城壁すら打ち破る」と評したこの大砲は、まさしく大城壁にたいする切り札であった。

一〇万人を動かしたカリスマ的演説

総勢一〇万人といわれるオスマン軍の出陣にあたって、メフメトは諸将に向かって長い演説を行い、つぎの文句で締めくくった。

「一気呵成《いっきかせい》にこの都市を攻略せん――たとえわれらが死すとも、そのあるじとなるまで退くまい」

当時のコンスタンティノープルは衰退いちじるしく、人口は五万人程度にすぎなかった。期待していた西欧からの本格的な援軍は来なかった――同じキリスト教徒であっても、正教を奉じるビザンツ帝国と、カトリックを信仰する西欧との間隙《かんげき》は大きかったのである。

彼我の戦力差があってなお、包囲は長期化した。二か月近くも攻撃を頑強にしのいでいたビザンツ軍であったが、五月二九日、大砲によって破壊された城壁よりイェニチェリ軍団(本書一一六頁参照)が突入した。城壁の守りを失ったビザンツ軍に、もはや勝機はなかった。

こうして、コンスタンティノープルは陥落した。

最後のビザンツ皇帝、コンスタンティノス一一世の行方は定かではない。戦闘のなかで行方知れずになったとも、金角湾付近に建つ、のちにモスクへと変えられた聖テオドシア教会(現在のギュル・モスク)に埋葬されているともいう。

征服以降、コンスタンティノープルは、徐々にイスタンブルと呼び習わされていくようになり、それにともなって、イスラム帝国の都としての姿を整えてゆく。コンスタンティノープルの象徴たる聖ソフィア教会は、アヤ・ソフィア・モスクへと転用され(本書一二六頁参照)、半島の突端、かつてギリシャの神々を祭るアクロポリス神殿があった丘には、トプカプ宮殿が建設された。以降この宮殿は、一九世紀なかばにドルマバフチェ宮殿が建築されるまで、帝国の枢要でありつづける。

コンスタンティノープルの征服をもって、オスマン帝国は、真に「帝国」と呼ばれうる存在になった。メフメト二世の治世に中央集権化が進み、のちの礎となる国制が整備され

アヤ・ソフィア・モスク

たゆえである。

さらにこの征服は、もうひとつ、大きな歴史の象徴となった事件であった。

古典的な歴史の時代区分では、人類の歴史は、ギリシャ・ローマに代表される古代、ローマが崩壊して封建制が成立した中世、そしてルネサンスや宗教革命をへた近代の三つの時代に分けられる。ヨーロッパ以外に適用するには無理のある、西欧中心主義的な歴史観であるために批判されて久しい時代区分ではあるが、いまなお歴史の大きな流れをとらえるための大まかな枠組みとしての有用性は失われていない。

この区分のうち、中世の終わりをどの事件に求めるかはいくつかの見解があるが、有力なもののひとつが、一七世紀ドイツの学者クリストフ・セラリウスによって最初に唱えられた、ビザンツ帝国の滅亡を機とするものである。すなわち、「ローマ」を滅ぼして中世に終止符を打ったのが、メフメト二世なのであった。

征服王の好敵手たち

コンスタンティノープルの獲得により「征服王」と呼ばれるようになるメフメト二世は、その後も、飽くことなく軍事活動を続けた。実際メフメトは、三〇年という長い治世のほとんどを戦場で過ごしたのである。一方、オスマン帝国をとりまく周辺諸国にも、歴史に名を残す名将・名君たちがおり、メフメトの進撃に立ち向かっていた。彼らとの戦いの軌跡を、簡単に記しておこう。

フニャディ・ヤーノシュ（一四〇七頃〜一四五六年）。ハンガリーの名将にして、トランシルヴァニア公。

ハンガリーへ侵攻せんとするムラト二世と幾度も干戈《かんか》を交え、その進撃を食い止めキリスト教世界に名声をとどろかせた。一四五六年、メフメト二世がフニャディの立てこもるベオグラード攻略を試みると、フニャディは頑強に抵抗する。五時間の激戦のすえ、メフメトは、自身も傷を負い攻略を断念することになった。フニャディはしかし、オスマン軍の撤退後まもなく、疫病にかかり没している。

ベオグラードは、半世紀以上たった一五二一年にスレイマン一世により征服された。その後はオスマン帝国によるヨーロッパ侵攻の拠点となり、「聖戦《ジハード》の家」と呼ばれるようになる。

ヴラド三世（一四三一〜一四七六年）。ワラキアの串刺し公。

ワラキア公ドラクルの息子であり、弟ラドゥとともにムラト二世時代のオスマン宮廷に人質として入り、そこで育った。

父の死にともない、ヴラドはオスマン宮廷よりワラキア公に任じられた。傀儡《かいらい》であったはずの彼は、しかし、オスマン帝国に反旗を翻し頑強に抵抗する。ワラキアに攻め入ったオスマン軍を奇襲で悩ませ、捕虜を槍で串刺しにして見せしめとしてさらすなど、果敢な抵抗を示した。彼は父ドラクルの名をとり「ドラクラ」と呼ばれたが、これによってもうひとつのあだ名をとった――「串刺し公《カズクル・ヴォイヴォダ》」である。

しかし、彼はワラキアの貴族たちを糾合することができず、一四六二年、あらためてオスマン帝国より傀儡として送り込まれたラドゥに国を追われ（そのとき活躍したのが、前章で言及したミハルの子孫である。本書四四頁参照）、ハンガリーに亡命するも軟禁される。一四七六年にはふたたび公の座に返り咲くが、同年、オスマン帝国との戦いで戦死した。

スカンデル・ベグ（一四〇五～一四六八年）。アルバニアの英雄。

本名をギェルギ・カストリオティという。アルバニア貴族の子弟であった彼は、ヴラドと同じく、ムラト二世時代のオスマン宮廷で育った。イスラム教に改宗し、オスマン帝国の将として頭角を現した彼は、その勇猛さからアレクサンドロス大王に由来する「スカンデル」の名を得た。しかし一四四三年、機を得て帝国軍を離れ、キリスト教徒として故郷アルバニアで独立勢力を築く。

その後、険しいアルバニアの地形を生かして、オスマン帝国に長く抵抗した。ローマ教皇の支持を得るべくアドリア海を渡るも、諸都市国家の利害関係が複雑に絡み合うイタリアの政情にあって、財政的な援助を得るにとどまった。

一四六八年にスカンデルが病没すると、徐々にアルバニアはオスマン帝国に併合されていった。彼は、いまなおアルバニアの民族的英雄として称えられる存在である。

ウズン・ハサン（一四二五〜一四七八年）。白羊朝《アク・コユンル》（一三七八〜一五〇八年）の名君。白羊朝とは、ティムール朝（一三七〇〜一五〇七年）が衰退したのちに、現在のイラン西方とトルコ東方にまたがる地域に勃興したムスリムのトルコ系遊牧政権である。

ウズン・ハサンの祖母と妻は、ビザンツ帝国の分家たるトレビゾンド帝国（一二〇四〜一四六一年）の王族であった。キリスト教国との通婚は、オスマン帝国を含め、この時代のアナトリアのムスリム諸国には珍しくない。

ウズン・ハサンには、トレビゾンド帝国の後継者という意識はなかったであろう。むしろ彼は、ティムール朝の後継者を任じていた。ウズン・ハサンの祖父は、一四〇二年のアンカラの戦いにおいて、ティムールの配下として戦っている。このアンカラの戦いでオスマン帝国は壊滅的な敗北を喫し、滅亡の際《きわ》に立たされることになったのだった。モンゴル帝国、ティムール帝国と、世界史を動かした遊牧王朝の末裔たる白羊朝は、オスマン帝国にとって最大の脅威であった。さらに白羊朝は、ヴェネツィアと同盟を結び、火器を入手すらしていた。

アナトリア中部のカラマン侯国の内紛を機に、オスマン帝国と対立したウズン・ハサンは、オスマン帝国に併合された旧遊牧政権の勢力を糾合して、アナトリア中部のバシュケント（オトルクベリ）で激突する。オスマン軍は二六万、白羊朝軍は三〇万以上と伝えられる戦いは、メフメト二世率いるオスマン軍の勝利に終わった。かろうじて戦場を逃げ延びたウズン・ハサンは再起を図るものの、往時の勢いを回復することはなかった。白羊朝は一六世紀初頭、新興のサファヴィー朝に滅ぼされることになる。

地中海のライバル、ヴェネツィア

こうした好敵手たちとの戦いと並行して、メフメト二世治世後半の主たる敵となったのが、イタリアの都市国家ヴェネツィアであった。ヴェネツィアとの戦いは、一四六三年からはじまった。オスマン海軍はまだ発展途上にあり、海戦においてはしばしばヴェネツィア艦隊にたいして苦杯をなめることもあった。

しかし、一四六八年のスカンデル・ベグの死後にアドリア海東岸一帯がオスマン帝国に占領され、一四七三年にはヴェネツィアが同盟したウズン・ハサンが敗北すると、ヴェネツィアは徐々に追い詰められていることを認めざるを得なかった。

オスマン帝国とヴェネツィアは、一四七九年に和平を結び、一六年におよぶ戦いはひとまず終息をみる。オスマン帝国は、アドリア海東岸のいくつかの占領地をヴェネツィアに返却するものの、金貨一〇万枚の賠償金と、毎年金貨一万枚の貢納を受け取ることとなった。

「アドリア海の女王」と呼ばれた海上の都市国家ヴェネツィアにとって、一五世紀が最後の光輝であった。ヴェネツィアはこれ以降も、しばしばオスマン帝国の敵対者として登場するが、すでに都市国家の時代は過ぎ去り、その存在感を徐々に失ってゆく。つぎの世紀には、オスマン帝国のライバルとして、ハプスブルク帝国が姿を現すのである。

3 ルネサンス文化を愛した異色のスルタン

ギリシャ古典を読破

メフメト二世は、オスマン帝国のみならず、これまでのムスリム諸王朝の君主たちのなかでも、もっとも特異な個性を持つ人物のひとりだといえる。その個性を形作っていた教養として、ギリシャ・ローマの文物や、同時代の西欧に誕生したルネサンス文化があった。

メフメトは、古代ギリシャの書物を好んで読んだ。コンスタンティノープルの征服後には、コンスタンティヌス一世の書庫より一二〇冊におよぶギリシア語の書籍を収拾したという。メフメトの蔵書には、ホメロスの『イリアス』、クセノポンの『アナバシス』、ヘシオドスの『神統記』などのギリシャ古典のみならず、トマス・アクィナスの『神学大全』(原著はラテン語だが、これをギリシャ語に訳したもの)すらあった。

こうして古代ギリシャの教養を身につけた彼は、ペロポネソス半島征服後にアテネに立ち寄ったとき、そこにそびえるアクロポリスに驚嘆の声をあげたという。また、一四六二年にトロイの地を訪れたさいには、アキレウスの偉業と、これを伝えるホメロスを称賛したとも。

ちょうどルネサンスを迎えていた、同時代のイタリア文化への関心も深かった。ヴェネツィアとの和平後に、画家ジェンティーレ・ベッリーニを招聘《しょうへい》したのは、本章の冒頭で触れた通りである。また、ベッリーニに先立って、コンスタンツォ・ダ・フェッラーラというイタリア人がメフメト二世のもとで働いている。ベッリーニよりも知名度は低いが、画家にして彫金師であった彼は、メフメト二世の肖像画とメダルを作成した。オスマン帝国側の画家も、彼らイタリア画家の影響を受けて、伝統的な細密画に新しいモチーフと手法を取り入れた絵を残している。この時代に花開いた、イスラム文化とルネサンス文化の混交の成果といえよう。

キリスト教とイスラム教を統一する者

キリスト教徒のなかにも、メフメト二世の信奉者が現れた。

エーゲ海にうかぶギョクチェ島の名家出身である歴史家クリトブロスは、コンスタンティノープルが陥落するとオスマン帝国に仕え、故郷の代官を任じられた。彼の詳細な経歴は不明だが、メフメト二世と親しくしていたと思われる。トプカプ宮殿に残るギリシャ古典『アナバシス』の写本は、クリトブロスの手によるものである。

クリトブロスは、詳細なメフメト二世伝を残したことで知られる。この歴史書は、メフメトが二度目の即位を果たした一四五一年から、著者がおそらく黒死病で死去した一四六七年までの記録を含んでいる。真偽はともかくとして、メフメト二世をめぐるさまざまなエピソードが今日まで伝わっているのは、彼の功績によるところが大きい。

メフメト二世のもと、キリスト教とイスラム教が統一されるのではという期待をかけた者もいた。

神学や哲学で高名を博していた、トレビゾンドのゲオルギオスという名のこのギリシャ系知識人は、メフメト二世の強烈な個性に魅了されてしまったひとりである。彼はメフメト二世に宛てて、アレクサンドロス大王や古代ペルシャのキュロス大王、あるいはローマの英雄ユリウス・カエサルを超える王である、と称賛の手紙を送った。

彼はみずからの著作のなかで、メフメトにローマを征服するよう呼びかけてすらいる。ただし、それは彼がキリスト教に改宗したうえのことであり、もし彼が改宗しなければ、彼は反《アンチ》キリストとなるだろう、とも語っている。

イスラムの帝王として

このようにメフメト二世個人が、ムスリム諸王朝の伝統を超え、ギリシャやローマの文物に深い関心を抱き、ルネサンスを迎えた西欧への文化的・知的興味を持っていたことに疑いはない。

しかしメフメト個人の趣味はともかく、彼は公人としては、徹頭徹尾、イスラムの帝王としてふるまっていた。前述したようにメフメト自身、優れたイスラム学者であるギュラーニーの薫陶を受けて成長したし、即位後のメフメトのもとでは、当代一流の導師であるアクシェムセッティンが宗教的指導者として活躍した。メフメトみずからの名を冠した征服王《ファーティフ》モスクには、「八広場《サフニ・セマン》」と呼ばれる高位のイスラム学院が設置され、多くのイスラム学者が養成された。国制はイスラム法にのっとって整備され、メフメトがイスタンブルのいたるところに残した数々の建築物は、ムスリム諸王朝の伝統を受け継いだものである。

メフメト二世は「ローマ皇帝《カイセリ・ルーム》」を名乗り、ローマ皇帝の後継者を自任していたという研究者もいるが、これはわずかな事例を誇大に解釈したものである。彼がもっとも重視した称号は、トプカプ宮殿の帝王門《バーブ・ヒュマーユーン》に記された、「ふたつの海のハーカーン、ふたつの陸のスルタン」であった——ハーカーンとはトルコ系の君主号、スルタンとはイスラム世界の君主号である。すなわち、トルコとイスラムの伝統を継ぐ者としての自負が、彼のなによりのアイデンティティであったのだ。

征服王の死

一四八〇年、メフメト二世は、勇将と名高いゲディク・アフメト・パシャにイタリア南部の攻略を命じた。オスマン軍はイタリア半島のかかとに位置するオトラントに上陸、ここを占領することに成功する。

イタリア全土が恐慌に陥った翌年の一四八一年四月末、メフメト二世はイスタンブルのアジア側に兵を集め、目的地を明かさぬまま、東方に進軍を開始する。この遠征軍がどこを目的としたのかについては諸説ある。エジプトとシリアを支配するマムルーク朝である、あるいは二年前に攻略を試みたものの失敗したロドス島である、と。

東に向かったのは目くらましで、その目的はローマにあったという説も根強い。なによりこのとき、オトラントはオスマン軍の占領下にあったし、メフメトはしばしばローマ征服の野望を語っていたからである。一〇万の軍勢とともにメフメト二世がイタリアに上陸し、イタリア全土を征服するのでは、という噂も流れていた。

メフメトの意図が奈辺《なへん》にあったにせよ、その進軍に待ったをかけたのは、メフメトの体調であった。腹部の強い痛みを感じたメフメトは、イスタンブルにほど近い現在のゲブゼ付近で、全軍に停止を命じた。メフメトを診察したユダヤ人侍医は、腸閉塞であると診断したが、治療は功を奏さず、阿片によって痛みを和らげることしかできなかった。

五月三日、稀代の征服王はここに没した。享年四九歳であった。彼が没したのはくしくも、かつてカルタゴの英雄ハンニバルが、そしてコンスタンティノープルの名祖となったコンスタンティヌス大帝が死去した地でもあった。

メフメトの亡骸《なきがら》は、イスタンブルの小高い丘に建つ、征服王モスク敷地内の墓廟に埋葬されている。

征服王の王子たち

メフメト二世の王子たちのうち、成人したのはバヤズィト、ムスタファ、ジェムの三王子である。母はそれぞれ異なり、母たちの出自は、やはりみな奴隷であった。

じつはメフメトには、正式な婚姻関係を結んだ后がいた。王子時代に結婚した、アナトリア南東部を支配するドゥルカドゥル侯国の王女スィッティである。彼女との結婚にさいしては、贅《ぜい》を凝らした祝宴が催され、近隣諸国からは使節が招かれた。しかし、この婚姻はメフメトにとって、政略結婚以上の何物でもなかったようである。コンスタンティノープルを征服して宮廷がエディルネからイスタンブルに移ったのちも、スィッティはエディルネに留めおかれ、一四六七年に亡くなっている。

三人の王子のうち、メフメト二世がもっとも目をかけていたのはムスタファであったが、彼は一四七四年、任地のコンヤで病に倒れた。メフメト二世はみずからのユダヤ人侍医を送ったものの、ムスタファは回復せず病死した。

父王の死後、イスタンブルに入城し即位

メフメトが死去したとき、バヤズィトはアマスヤ、ジェムはマニサでそれぞれ太守を務めていた。父王崩御の知らせをいち早く受けイスタンブルに向かい、トプカプ宮殿に入城することに成功したのはバヤズィトであり、彼はバヤズィト二世として即位した。

出遅れたジェムは、旧都ブルサに入り、そこで兄王にオスマン帝国の分割統治を提案するが、バヤズィトはそれを退けた。正規軍の兵権を得たバヤズィト二世にジェムは抗し得ず、メッカ巡礼を口実にエジプトのマムルーク朝に亡命、ついでヨハネ騎士団の立てこもるロドス島に移る。しかし、西欧諸国は、ジェムを後押しして十字軍を起こすよりむしろ、バヤズィトから貢納を受け取ることを選んだ。ジェムは、もし自分がオスマン帝国の君主となったならば、イスタンブルを含むヨーロッパの全領土から撤退する、と約束したという。それでも、西欧諸国は動かなかった。さまざまな利害関係に縛られる彼らが、一致団結して危険な賭けに出て、対オスマン帝国の十字軍を起こす可能性はなかった。ジェムはイタリアに移送されて長い軟禁生活を送り、一四九五年にナポリで客死《かくし》する。

バヤズィト二世は、父王メフメト二世とは異なり、外征を控えた地味な君主と評価されることが多い。才気に満ちたジェムのほうが、征服王の衣鉢《いはつ》を継ぐ存在だったといえるか

トプカプ宮殿

もしれない。しかし、メフメト二世時代の行き過ぎた中央集権化を緩和し、制度を整え、文芸を保護することによって、急速に発展した帝国の地固めをしたのがバヤズィト二世であった。

バヤズィト二世の治世に国力をたくわえたオスマン帝国がさらなる領土的発展を遂げるのは、彼を継いだセリム一世（位一五一二〜一五二〇年）、そしてスレイマン一世の時代である。

偉業に比して低い評価

意外なことに、稀代の英雄たるメフメト二世にたいする同時代人の評判は芳しくない。大宰相チャンダルルら守旧派から権力を奪取し、中央集権化を強権的に推し進めて改革を断行した彼に、オスマン帝国の歴史家たちは遠回しに非難の言葉を投げつけている。彼らは、メフメトの改革によって既得権を奪われた人々に属していたのだから、当然かもしれない。時代が降るとこうした批判は消えて、メフメトはその偉業にふさわしい評価を得るようになるが、人気としては、セリム一世やスレイマン一世のほうが勝っていただろう。

オスマン帝国において、メフメト二世が抜きんでて評価の高いスルタンとなったのは、一九世紀なかば以降である。愛国の詩人にして戯曲家であったナームク・ケマルは、歴史家としても才能を発揮し、十字軍を撃退したサラディン、マムルーク朝を征服したセリム一世とならんで、メフメト二世の評伝を著した。

二〇世紀に入るとメフメト二世は国民的人気を得ることとなり、イスタンブル征服を記念する祝祭が幾度も催された。トルコ共和国時代に入ってからも、一九五三年に征服五〇〇周年記念祭が大規模に開催されて以降、たびたび大きな記念イベントが行われている。

トルコ共和国における征服王

この征服五〇〇周年のさいには、メフメト二世の生母の出自をめぐって議論が起こった。

前述したように、メフメト二世の生母はおそらくキリスト教徒の奴隷である。しかしこれにたいして、メフメト二世の本当の母親は、トルコ系侯国のひとつで、アナトリアの黒海沿岸を支配していたジャンダルオール侯国の王女ハリメ・ハトゥンである、という説が何人かの研究者によって唱えられたのである。

たしかにムラト二世とハリメは、一四二〇年代前半に政略結婚をしている。もし彼女がメフメトの生母であれば、メフメトはトルコ人の母を持つことになるわけだ。しかし、彼女がメフメト二世の母であるという史料的裏付けはない。

二〇一八年にトルコでメフメト二世についてのテレビドラマが放映されたさいにも、メフメト二世の母について、ムスリムかキリスト教徒かで論争が沸き起こっている。もちろん、新史料が発見されない限り、学問的な決着はついているとみなしてよい。しかし、帝国史上もっとも有名なスルタンの母が非トルコ系でキリスト教徒であるということを、受け入れがたく感じる人々は少なくないようだ。

二〇二〇年現在、メフメト二世の後継者を自任しているのは、トルコ共和国大統領であるエルドアンその人かもしれない。エルドアンは、一九九四年にイスタンブル市長選挙に福祉党から出馬し、当選して頭角を現したが、その選挙戦のさいに彼は「イスタンブルのあらたな征服者」と称し、彼の当選は「イスタンブルの二度目の征服」と呼ばれた。エルドアンをリーダーとする現在の公正発展党政権下では、イスタンブル征服を記念するイベントが恒例となり、二〇一六年の祝典でユルドゥルム首相（当時）は、エルドアンをメフメト二世になぞらえる演説を行っている——もちろんそこでは、メフメト二世の持っていたはずのコスモポリタン的な性格については触れずに、彼の偉業のみを強調しているのであった。

メフメト二世が教会からモスクへと転用したアヤ・ソフィアは、いまトルコでもっとも論争を巻き起こす話題のひとつである。アヤ・ソフィア・モスクは、一九三五年、トルコ共和国建国の父ムスタファ・ケマルの命令によって博物館となった。しかしエルドアン大統領は、二〇二〇年七月一〇日、アヤ・ソフィア博物館をモスクに戻すことを決定し、同月二四日金曜日には集団礼拝が行われた。

メフメト二世の残した遺産は、今後、どのような運命をたどるのだろうか。

コラム1

奴隷——オスマン帝国発展の源泉

イスラム世界の歴史において、奴隷が果たした役割は大きい。それは、オスマン帝国においても例外ではなかった。

奴隷と聞いて、現代の日本人は違和感を覚えるかもしれない。ふつう、私たちが奴隷と聞くと、かつてアメリカにおいて、過酷な農業労働に従事した黒人奴隷を想像するのではないだろうか。しかし、イスラム世界における奴隷の立場は、そうしたイメージとはかなり異なっている。奴隷はイスラム法《シャリーア》において一定の権利を保障されており、奴隷の所有者といえども、そのきまりを逸脱することは禁じられていた。さらに、もし奴隷が君主など有力者を主人としているならば、一般人よりよほど強大な権力をふるうことができたのである。

イスラム世界に、アメリカの黒人奴隷のような農業奴隷がいなかったわけではない。たとえばオスマン帝国の初期には、戦争捕虜として奴隷となり農業活動に従事させられた者たちがいたし、末期には、ロシアの支配を逃れ帝国に流入したチェルケス系（北コーカサス西部に居住する人々）の移民たちが、農業奴隷を用いていた。前者は徐々に自由人となり消滅していったし、後者について、オスマン政府は彼らの解放を求めていた。ゆえに、農業奴隷の存在感はやはり小さかったといえる。ただし、エーゲ海岸などでは、手工業の担い手として黒人奴隷が利用されたことも知られている。

基本的に、オスマン帝国を含むムスリム諸王朝において奴隷といえば、家内奴隷（ハレムの女奴隷や宦官も、大きな枠組みでいえばここに分類されよう）や、軍事奴隷が重要である。とくに、領内のキリスト教徒子弟を徴用するデヴシルメ制度によってリクルートされた奴隷たちは、スルタンの側近、あるいはイェニチェリ軍団に代表される常備軍団の構成員となった（本書一一六頁参照）。君主以外に後ろ盾を持たない彼らは、忠誠心が厚く、強固な規律を持つ部隊として活躍したのである。

ただし、一六世紀末よりデヴシルメは崩れはじめ、宮廷にもイェニチェリ軍団にも、徐々に自由人のムスリムが流入するようになる。軍事奴隷は一七世紀以降、厳密な意味での奴隷としての性格を失っていったといえるだろう。一方で、ハレムの奴隷に代表される家内奴隷は、帝国末期にいたるまで存続した。ハレムの女奴隷は、当初はギリシャ系やスラヴ系が多かったが、徐々にチェルケス系出身者で占められるようになった。一九世紀の寵姫たちのほとんど、すなわちスルタンの母たちのほとんどがチェルケス系なのはそのためである。

一九世紀になると、奴隷解放をいち早く進めたヨーロッパの圧力のもと、オスマン帝国でも奴隷の取引が停止される。しかし、ハレムへの奴隷の供給はほそぼそと、帝国末期まで存続するのであった。

第三章　ヒュッレム——壮麗王スレイマンの寵姫

ヒュッレム。ティツィアーノ画、1550年頃の作品

1　美貌より快活さを魅力とした魔性の女

スルタンに深く愛された、魔女の肖像

色白でふっくらとした女性が、柔らかなまなざしとともに、薄く笑みを浮かべている。簡素だが高級そうな緑のガウンを羽織り、対照的に、その頭にかぶる冠には豪奢な宝石がちりばめられている。

彼女の名は、ヒュッレム。

元キリスト教徒の奴隷身分でありながら、オスマン帝国の黄金時代を現出させた立法王《カーヌーニー》にして壮麗王《マグニフィセント》たるスレイマン一世（位一五二〇～一五六六年）の寵姫となり、のちに正式な后となるまで上り詰めた人物である。スレイマンはヒュッレムを深く愛し、四人まで妻帯を認めるイスラム教にあって、実質的な一夫一婦の関係を彼女と結んだ。その華やかなサクセス・ストーリーの陰に、彼女が魔術でもってスレイマンを篭絡《ろうらく》し、さまざまな陰謀を張りめぐらせライバルを排除していったという噂も流れた。西洋にもその名を響かせた

彼女は、オスマン帝国史上、もっとも有名な女性であるといってよいだろう。

　この肖像を描いた画家の名は、ティツィアーノ。もしくは、ティツィアーノその人ではなく、ティツィアーノが率いた工房の作品だと考えられている。

　ティツィアーノは、メフメト二世の肖像を描いたジェンティーレ・ベッリーニやその弟ジョヴァンニ・ベッリーニの工房で修業を積んだ。であるから、彼はある意味ではベッリーニの弟子である。しかし、彼の名声は、師たちをはるかにしのぐ。それどころか、ルネサンス最大の巨匠のひとりであり、「画家の王者」と称賛される存在である。ヴェネツィア共和国の公式画家であった彼がヒュッレムを描いたのは、一五五〇年ごろであった。すでに名声を確立し、大工房を擁して絵画の制作に従事していた時代の一作である。ただし彼の伝記を著したヴァザーリは、この絵に描かれるヒュッレムの年齢を一六歳としているから、もととなる絵はより早く作成されたのかもしれない。

　ティツィアーノがオスマン帝国を訪れた記録はなく、だから直接、彼がヒュッレムに拝謁してこれを描いたわけではない。ティツィアーノ以外にも、ヒュッレムを描いた同時代の西洋の画家たちがおり、そのなかには、オスマン帝国での滞在経験を持つ者もいた。しかし誰もが、ヒュッレムの顔を直接、拝した経験はないはずである。ハレムの高貴な女性と異教徒の画家が直にまみえることは、当時の慣習からいってあり得なかった。伝存しているヒュッレムの肖像画が、どれも違った容貌のように見えるのは、そのためであろう。ゆえに、ヒュッレムがどのような素顔であったかを、絵画からうかがい知ることは難しい。

とはいえ、巨匠ティツィアーノの手によるこの肖像が、壮麗王のパートナーたる彼女のイメージを十分に伝えているように思えるのは、ひいき目であろうか。

女奴隷から宮廷へ

ヒュッレムとは「喜ばしい」あるいは「快活な」という意味であり、ハレムに入り、スレイマン一世の寵姫となってから与えられた名である。オスマン帝国の女奴隷には、花や宝石の名、あるいは良い意味を持つ抽象名詞が名前として与えられるのが一般的であった。彼女の本名は、アナスタシアであるとも、アレクサンドラであるともいわれるが、正確なところはわからない。西洋人は、彼女のことをロクセラーナと呼ぶ。これは「ロシア女」の意味である。本書では、便宜的に「ヒュッレム」の名で統一することにしよう。

彼女の父は、いまのウクライナに位置する、当時はポーランド領だったロハティンという町の正教の司祭だったともいうが、これも定かではないようだ。確かなのは、ウクライナのキリスト教徒であり、クリミア・ハン国の襲撃によって奴隷となって、オスマン帝国の宮廷に献上されたということだけである。生年もつまびらかでないが、一五〇五年頃との説があるので、ここではそれに従っておこう。

スレイマン一世は、黒死病で急死した父、セリム一世のあとを継ぎ、一五二〇年に二五歳で即位した。セリムは「冷酷王《ヤヴズ》」と恐れられるほど峻厳な性格であったが、イランのサファヴィー朝をチャルディランの戦いで撃破し、シリアとエジプトを支配するマムルーク朝を征服するという偉業を成し遂げたスルタンである。

壮麗王スレイマン1世。ティツィアーノ画（もしくはその工房作）

ヒュッレムがスレイマンのハレムに献上されたのは、彼が即位した直後のことだった。

ハレムに入ることができる男性はスルタンのみ

ハレムとは、「禁じられた」という意味であり、ムスリムにとっての聖地であるメッカやメディナについて用いられることもあれば、一般家屋のプライベート・スペース（ハレムリキ。これにたいして、客人をもてなす開かれた部屋をセラームルクという）を指すこともある。

オスマン帝国の宮廷についてハレムといった場合、それはスルタンの後宮の意味である。メフメト二世の時代より徐々に制度が整えられていったハレムでは、スルタンをとりまく女性たちが整然とした序列関係のもとで生活を営み、学芸と教養を学んだ。ハレムに住まう女性たちの数については、ヒュッレムの時代がどうであったかは不明であるものの、一八世紀なかばの史料には四四〇人と記録されている。むろんこれは、ハレムの運営にかかわる女性たちも含めての数である。

ハレムに入ることを許されている成人男性は、唯一、スルタンその人のみであった。ハレムの監督は宦官たちが行い、その宦官たちを統括するのが「娘たちの長《クズラル・アアス》」と呼ばれる黒人宦官長である。幼い王子たちも、長じて地方の太守に任命されるまではハレムで育った。

ハレムはしばしば、西洋人の抱く東洋趣味の主題となり、オスマン帝国の「退廃」やスルタンの「好色」の象徴とみなされた。ハレムが、その名の通り外部に閉じられた世界であったことから、なおのこと想像力を刺激する対象となったのである。しかしこうしたイメージは、実態とはかけ離れていた。オスマン帝国はオスマン王家を頂点として運営された王朝国家であり、スルタンの血統の維持は、帝国にとってつねに最優先の課題であった。ハレムは、こうした王朝の要求にこたえるための組織だったのである。

スレイマン一世の即位当時のハレムは、新宮殿《イェニ・サライ》と呼ばれたトプカプ宮殿ではなく、グランド・バザールにほど近い場所に位置する旧宮殿《エスキ・サライ》にあった。スルタンは、トプカプ宮殿の外廷で政務に従事し、内廷で生活を営み、必要に応じて母や妻妾たちの住まう旧宮殿に赴いたのである（なお、ハレムがトプカプ宮殿に完全に移るのは、一六世紀後半のことである）。

ハレムに君臨するのはスレイマンの母

当時、ハレムの実質的な主は、スレイマンの母ハフサ・ハトゥンであった。彼女の出身については、チンギス・ハンのモンゴル帝国を継承する国家のひとつで、黒海北岸を支配するクリミア・ハン国の王女である、という説が根強い。しかしこれは、スレイマンが王子時代に、クリミア半島の都市カッファで太守を務めていたことからくる連想にすぎない。ハフサは実際には、元キリスト教徒の奴隷出身であったようだ。美貌で知られる彼女は、スレイマン王子と長く過ごし、息子と固い絆を結んでいた。

スレイマンは即位前に、マフムト、ムスタファ、そしてムラトという三人の息子をもうけている。このうち、早世したマフムトとムラトの母の名は伝わっていない。ムスタファの母はマヒデヴランといい、やはり奴隷出身であった。ムスタファは才気にあふれる王子であり、長じてのちはスレイマン一世の王位継承者として期待される存在となる。

ヒュッレムは、こうして、ハフサが君臨し、マヒデヴランが王子の母として存在感を持つハレムに入ったのだった。ヒュッレムは決して美しい容貌ではなかったといわれるが、その快活さを、スレイマンは好ましく思ったようだ。スレイマンの寵愛《ちょうあい》を得た彼女は、一五二一年にメフメト王子を産む。ほぼ同時期に、マフムトとムラトの両王子が疫病で亡くなっていたために、メフメトの誕生は大きな喜びでもって迎えられた。

これまでのオスマン王家の慣習では、ひとたび王子を産んだ寵姫はスルタンから隔てられ、ふたりめの王子をつくる機会は失われるのが常であった。これは、特定の人物に権力の集中を防ぐためのしくみであったが、スレイマンはこの慣習を破り、引き続きヒュッレムを寵愛した。ヒュッレムはその後も、ミフリマー王女、アブドゥッラー王子（幼少時に夭折《ようせつ》）、バヤズィト王子、セリム王子、ジハンギル王子と、五男一女をもうけるのである。

ハレムに入りたてのころは、まだトルコ語もままならなかったはずの彼女が、なぜスレイマンを虜にしえたのかについては、推測するしかない。これは当時の人々も同じだったらしく、ヒュッレムが魔術を使ったのだという噂もまことしやかに流れた。

ヒュッレムについての優れた伝記を著したレスリー・ピアースは、ヒュッレムがメフメトの出産で子をなしうることを示したのが重要であった、と推測している。スレイマンは、ヒュッレムがハレムに入る前にふたりの息子を亡くしていたからである。もちろん、両者の愛情を前提としてのことであろうが、傾聴に値する指摘のように思われる。

2　スレイマン、イブラヒムとの緊張の三角関係

オスマン帝国史上はじめて奴隷と結婚

一五三四年三月にハフサが亡くなると、きわどい均衡を保っていた宮廷内のパワー・バランスは大きく崩れる。この年から数年のうちに起こった三つの出来事が、ハフサに代わるハレムの支配者として、ヒュッレムの権勢を大いに強めるのである。

ひとつめは、スレイマンとヒュッレムの結婚である。母の死の数か月後、スレイマンはヒュッレムと正式な婚姻関係を結ぶ。

オスマン帝国のスルタンたちは、一五世紀までは、近隣諸国の王族と政略結婚をすることがあった。しかし、ハレムの女奴隷と正式に結婚した例は皆無であった。こうした慣例に反し、スレイマンは、ヒュッレムを奴隷身分から解放したうえで、正式に結婚したのだった。これは、オスマン帝国の歴史上、はじめての出来事である。

オスマン帝国側の記録は、この結婚について沈黙している。前代未聞の王族のスキャンダルについて、帝国の年代記作家たちの当惑が伝わるようである。スレイマン治世末期にオスマン帝国を訪れていた、ハプスブルク帝国の大使ビュスベクは、ヒュッレムが「結婚しなければ、褥《しとね》をともにしない」とスレイマンに迫ったという巷説《こうせつ》を伝えているが、信憑性はどうだろうか。

ふたつめは、マヒデヴランがハレムを去ったことである。

同年、一八歳となったムスタファ王子が太守としてマニサに赴任すると、マヒデヴランも息子とともにハレムを去った。後代の年代記によれば、ヒュッレムとマヒデヴランが取っ組み合いの喧嘩をして、マヒデヴランがヒュッレムの髪を引っ張り顔を掻きむしったために、怒ったスレイマンがマヒデヴランを追いやったという。しかし、王子が任地に母をともなうというのはそれまでのオスマン帝国の慣行であるから、前述の記録は信憑性の怪しいゴシップのたぐいであるようだ。

ただし、王子がいつ太守としてハレムを離れるかに明確なきまりはないため、この年にムスタファとマヒデヴランがイスタンブルを去ることになったこと自体に、スレイマンやヒュッレムの思惑があった可能性はあるだろう。

一方のヒュッレムはといえば、自身の子であるメフメト王子らが地方に赴任したさいも、ハレムにとどまっている。スレイマンは彼女のため、トプカプ宮殿を増築し、そこに住まわせすらしたのである。

イブラヒムの処刑はなぜ行われたのか

そして三つめは、スレイマンの股肱《ここう》の臣であった大宰相イブラヒムの処刑である。サファヴィー朝への遠征が終わって間もない一五三六年三月、スレイマンの右腕として一二年以上にわたり大宰相を務めてきたイブラヒムが処刑される。

ヴェネツィア居留民の出身であるイブラヒムは、奴隷としてスレイマン王子に献上されて以来、長きにわたり腹心として仕えてきた。

イブラヒムは、一説にはスレイマンの妹と結婚したといわれているが、これについては古くから疑義が呈されており、近年もこの説を批判する論文が著されている。王妹との婚姻を記す同時代史料が存在しないことからも、やはり事実ではなかったとみなせよう。しかし、イブラヒムがスレイマンの寵愛をほしいままにし、イスタンブルの中心部に邸宅を構えて権勢をふるったのは確かである。スレイマンの分身ともいえる彼の突然の処刑に、オスマン帝国の人々は驚愕した。

なぜイブラヒムが処刑されたのかについて、定説はない。イブラヒムがみずからの称号に「スルタン」の語を帯びるほど増長していたことが、スレイマンの勘気に触れたともいわれる。

処刑の理由としてもっとも人口に膾炙《かいしゃ》しているのは、ヒュッレムの陰謀だというものである。イブラヒムは、マヒデヴランの息子にして最年長の王子であるムスタファを支持していた。そのため、実子の即位を願うヒュッレムが、イブラヒムを陥れたのだという。とはいえ、この説に明確な証拠があるわけではない。

若き日のスレイマンとイブラヒムが、恋愛関係にあったことはまず間違いない。君主と小姓のあいだの愛情は、同性愛を戒めるイスラム教のきまりにもかかわらず、イスラム世界において珍しいことではなかった。しかし、辻大地の研究が示すように、男性同士の性的関係は、一方が少年であるあいだに限られており、成人男性同士の性的関係は、やはり忌避されるものだった。だから、長じてのちのふたりの関係は、なお特別な紐帯で結ばれていたとしても、徐々に変質していったはずである。

イブラヒムは、かつての「恋人」であったスレイマンとのあいだに生じた亀裂に気づかず、ヒュッレムの策謀がつけいる隙を与えたのかもしれない――しかし、これはただの推測である。

王妃としての存在感を発揮

こうして宮廷の権力者として君臨することに成功したヒュッレムは、ミフリマー王女、そしてその夫である大宰相リュステム・パシャと党派を作り上げ、その存在感を大いに示した。

リュステムは、ミフリマーと親子ほども歳の離れた、強欲で評判の悪い人物であった。ミフリマーは当初、彼との結婚を嫌がったという。

しかしヒュッレムの目に狂いはなかった。リュステムは、征服活動の停滞したスレイマン治世後半にあって、経済活動でその才覚をいかんなく発揮したのである。彼が建築させた、イスタンブルのエジプシャン・バザール付近にあるリュステム・パシャ・モスクは、ふんだんにイズニク・タイルが用いられた贅沢な内装を持ち、イスタンブル観光に欠かせない名所となっている（本書一二四、一七二頁参照）。

ヒュッレムは、イスタンブルに大規模な宗教寄進《ワクフ》を行い、モスクや商業施設を建設させている。これまでも、王族の女性が地方都市において宗教寄進を行った例はあったが、イスタンブルにこれほどの規模の施設を造らせたのは彼女がはじめてである。とくに有名なのは、ファーティフ地区に建築させた、モスク・病院・学院など一連の複合施設である。のちにここは、ヒュッレムにちなんで「ハセキ」（とくに寵愛された妃が用いた称号）として知られるようになった。また、アヤ・ソフィア・モスクとスルタン・アフメト・モスクのあいだに建てられた大きな公衆浴場《ハマム》も彼女の寄進により建てられたもので、修復の済んだ現在、観光客が入浴することもできる。

ヒュッレムのみならず、ミフリマー王女も積極的に宗教寄進を行っている。ヒュッレム、

ヒュッレムがミマール・スィナンに建築させた公衆浴場

ミフリマー、そしてリュステムのもとでは、名建築家として知られるミマール・スィナンがその卓越した技をいかんなくふるった。
　彼女の活躍は国内だけではなかった。
　ヒュッレムは、ポーランド王ジグムント一世（位一五〇六～一五四八年）の王妃ボナ・スフォルツァや、彼女の娘でハンガリー王妃となったイザベラ・ヤギェロンカと、書簡を取り交わしている。ボナは強烈な反ハプスブルク派であり、そのためオスマン帝国の支援を求めてヒュッレムと友誼を結んだのであった。また、当時のハンガリーはオスマン帝国の宗主権下にあり、反ハプスブルク派のサポヤイ・ヤーノシュが国王であった。いうなれば、ハプスブルク家に対抗するために、ポーランド、ハンガリー、そしてオスマン王家の女性たちが、非公式のネットワークをもってやりとりをしていたのである。

一六世紀後半は、オスマン帝国の東西で王妃・王女が活躍した時代でもあった。オスマン帝国の同盟国であったフランスでは、メディチ家出身のカトリーヌ・ド・メディシスが、王妃そして母后として大きな力をふるっていたし、そのさらに西、イギリスにおいてエリザベス女王（一世。位一五五八～一六〇三年）が活躍するのは、ヒュッレムよりわずかにあとの時代である。また、東方の隣国たるイランのサファヴィー朝においても、パリー・ハーン・ハーヌムという王女が、父タフマースブ一世（位一五二四～一五七六年）の治世末期から兄イスマーイール二世（位一五七六～一五七七年）の治世にかけて、隠然たる支配者として権力を握っていた。

こうした王妃・王女たちのなかにあって、オスマン帝国という大国の王妃たるヒュッレムは、当時の世界でもっとも存在感を持つ女性のひとりであっただろう。

ひとり勝ちのヒュッレムの唯一の悩みとは

順風満帆のヒュッレムにとって、唯一の懸念が、マヒデヴランの子たるムスタファ王子

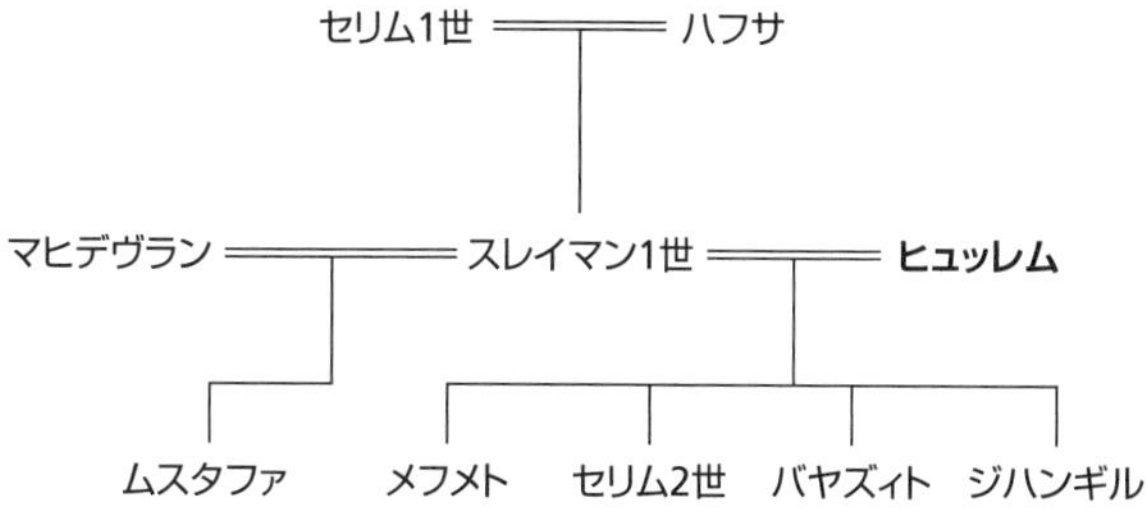

スレイマン1世とヒュッレムの系図

の存在であった。

　ヒュッレムの三人の息子のうち、年長でもっとも利発であったメフメトは、一五四三年に病で亡くなっていた。スレイマンはこれを嘆き、ミマール・スィナンに王子《シェフザーデ》のモスクを建てさせている（本書一二三頁参照）。ヒュッレムの残るふたりの息子、セリムとバヤズィトの才覚は、ムスタファに遠くおよばなかった。

　いまや壮年に達したムスタファは、王位継承者としての期待を一身に集めていた。同時代のあるヴェネツィア人は、彼について「たぐいまれなる才能を持ち、武勇に優れ、イェニチェリ軍団に支持されている」と評す。すでに老境に入ったスレイマンに代わって、若

王子ムスタファの処刑。セイイド・ロクマン著『技の書』(1585年)作より

く精強なムスタファを王に望む声が、人々のあいだであがっていた。

スレイマンの父セリム一世は、王子時代に蜂起し、祖父バヤズィト二世を廃位させて即位していた。スレイマンの脳裏には、この前例が浮かんでいたことだろう。徐々に増していた継承をめぐる緊張は、一五五四年に頂点に達した。

この年に行われたイラン遠征への行軍中、スレイマンは、当時アマスヤの太守を務めていたムスタファを自陣に呼び寄せた。ムスタファの側近は、この召喚を訝《いぶか》しみとどまるよう進言したが、ムスタファは聞き容れずに父王のもとにはせ参じ、そこで処刑されたのである。

ムスタファの息子や側近たちも、時を置いて処刑されている。こうして、スレイマンは自ら弑逆《しいぎゃく》の芽をつんだのであった。その背後に、ヒュッレムの策謀があるという噂も、もちろんある。

スレイマンとヒュッレムにとって誤算だったのは、病弱であった末子ジハンギルが、異母兄の処刑に衝撃を受けて亡くなったことである。この王子の死を両親はいたく悲しみ、イスタンブルの新市街の丘に、小さいが美しいモスクを、やはりミマール・スィナンに建てさせている。

残されたのは、セリムとバヤズィト、ふたりの王子であった。このうち、より有能であったといわれるバヤズィトは、混乱を起こして王位を継ぐ機会をうかがうべく、王子ムスタファの名を騙る「偽ムスタファの乱」を使嗾《しそう》したものの、この反乱はあえなく鎮圧される。バヤズィトは父王によって処罰されるところであったが、ヒュッレムのとりなしによってこれを免れた。

ふたりの実子の争いは、ヒュッレムにとって最後の悩みであった。

ヒュッレムは、どのような未来を描いていたのだろうか。同時代の記録によると、ヒュッレムやミフリマーは、バヤズィトを支援していたらしいが、一方でスレイマンはセリムを後継者と考えていたようだ。

ここにいたって、つねに意見をともにしていたスレイマンとヒュッレムの懸隔は、開いたのであろうか。

しかし彼女は、その結末を見ることはなかった。ヒュッレムが、どのような病にかかり、いつから体調を崩していたのか定かではない。一説には、マラリアであったともいう。

一五五八年四月一五日、ヒュッレムは亡くなった。生年を一五〇五年と仮定すれば、およそ五三年の生涯であった。

彼女の亡骸は、スレイマニエ・モスクの中庭に建てられた廟に収められた。のちに、ヒュッレムの廟の傍らにスレイマンの廟も建てられ、参詣者たちを迎え入れている。

3 西太后やマリー・アントワネットとならぶ悪女に描かれた理由

ヒュッレム亡きあと

後日談も少し記しておこう。

ヒュッレム亡きあと、セリムとバヤズィトのあいだの緊張関係は頂点に達する。

ヒュッレムやミフリマーの思惑とは異なって、最終的に、スレイマン一世が後継者に選んだのは、やはりセリムであった。

セリムとバヤズィトは、コンヤの戦いにて雌雄を決するべく激突、正規軍の支援を受けたセリムの圧勝に終わった。バヤズィトはイランのサファヴィー朝に亡命し再起を図ったものの、サファヴィー朝には、オスマン帝国と事を構える気はなかった。オスマン帝国の使節の手によってバヤズィトは縊《くび》り殺され、その遺体は、伝統的に王族の墓所とされていたブルサでもイスタンブルでもなく、東アナトリアのスィヴァス郊外に埋められた。こうして、セリムが唯一の王位継承者として残った。

息子たちの争いを存命中に終わらせたスレイマン一世は一五六六年、ハンガリーのシゲトヴァルを目指し、久方ぶりの親征を行う。その攻略がならんとする直前、スレイマンは陣中で没した。

父王崩御の知らせを受けて、急いで駆け付けたセリム王子は、大宰相ソコッル・メフメト・パシャの補佐のもとセリム二世として即位した。「酔漢王《サルホシュ》」と呼ばれたセリムは、オスマン帝国史上もっとも人気のないスルタンのひとりである。とはいえ、あまりに偉大過ぎた父スレイマン一世のあとを、誰が継いだとしても高い評価を得るのは難しかったろう。

このころには、スレイマン一世のハレムを彩った人物の多くが歴史の舞台から退場していたが、意外な人物がまだ存命であった。マヒデヴランである。

彼女は、ムスタファ王子を失ったあと、ブルサで隠遁生活を送っていた。しかし、スレイマン一世からの援助はなく——背後にヒュッレムの干渉があったという説もある——、その暮らしは困窮し、家賃も払えないありさまであった。

最愛の王子を失い、経済的にもどん底にあったマヒデヴランを救ったのは、セリムだった。

即位の数年前に、セリムはマヒデヴランへの援助を命じており、これによって彼女の待遇は改善されることとなった。セリムとマヒデヴランは、ハレムでともに過ごした時期もあった。セリムは、そのときからマヒデヴランを敬慕していたのかもしれない。

即位後のセリムは、謀殺された異母兄、ムスタファ王子のため墓廟の建設も命じている。セリムの厚情は、マヒデヴランにとってはせめてもの慰めとなったはずである。

マヒデヴランは、セリム二世の援助のおかげであろう、ライバルであったヒュッレムよりもはるかに長く生き、一五八一年に亡くなった。セリム二世は一五七四年に没しており、時代は次のムラト三世の治世となっていた。マヒデヴランは、いまムスタファ王子の傍らにひっそりと眠っている。

ドラマ『オスマン帝国外伝――愛と欲望のハレム』が大ヒット

ヒュッレムは、同時代から現在にいたるまで、稀代の悪女として描かれてきた。もちろん、こうした評価には注意が必要である。君主の失敗や悪徳を、佞臣《ねいしん》や悪女の責任に帰すことは、オスマン帝国に限らず、歴史上しばしば見られることである。ヒュッレムについていえば、悪女であると伝える史料ばかりが伝存しているため、こうしたイメージを否定することも難しいが、すくなくとも一方的な評価を下すべきではなかろう。

トプカプ宮殿に所蔵されるヒュッレムの肖像。作者不詳、18世紀作

それにしても、西太后やマリー・アントワネットの例を見るまでもなく、歴史上抜きんでた存在感を持つ「悪女」は、人々を引き付ける魅力があるらしい。

すでにヒュッレムの存命中、彼女を主人公

にした戯曲『ラ・スルタネ』が、フランス人ガブリエル・ブーニンによって著されている。以降、ヨーロッパの各地で、ヒュッレムはイマジネーションの源泉となってきた。

とくに、ヒュッレムの生地であるウクライナとポーランド（当時のウクライナはポーランド領だった）では、いまでもヒュッレムの人気は高く、文学やドラマの題材となっている。

ウクライナ人研究者のオレクサンドラ・シュトコは、ヒュッレム以外にも、ハレムで権勢をふるった女性たち――メフメト四世（位一六四八～一六八七年）の母トゥルハン、オスマン三世（位一七五四～一七五七年）の母シェフスヴァル――がウクライナ出身であることをもって、この時代のオスマン帝国について「ウクライナの統治《ウクライナ・サルタナト》」と呼びすらしている。

一方、トルコにおけるヒュッレムの再評価は遅かった。

ヒュッレムを題材にしたトルコ最初の創作物は、トルコ共和国期に入った一九三七年、トゥルハン・タンによる小説『ヒュッレム・スルタン』である。その後も、戯曲、オペラ、伝記と、ヒュッレムは魅力的な題材となった。筆者も留学中の二〇〇三年ごろに、ヒュッレムを主人公とした演劇を、イスタンブルのカドゥキョイ地区にあるハルドゥン・タネル劇場で鑑賞したことがある。

特筆すべきは、トルコの民放ショウTVとスターTVで、二〇一一年から二〇一四年まで放映されたテレビドラマ『壮麗なる世紀』である。この番組は、トプカプ宮殿を舞台に、豪奢な衣装を身にまとったハレムの人々の、華やかでいて陰湿な、激しい人間模様が話題を呼び、トルコのみならず全世界で大ヒットとなった。日本でも、『オスマン帝国外伝――愛と欲望のハレム』という邦題のもとで放映され、人気を博している。

本作については、その考証の甘さが研究者によって指摘されてもいる。しかし、それとは別の意味で、このドラマを気に入らない人物がいた。

二〇二〇年現在、トルコ共和国大統領を務めるエルドアン（当時は首相）である。『壮麗なる世紀』の放映直前、同番組でスレイマンの飲酒や性的なシーンが描かれることを嫌った保守派の人々が、ラジオ・テレビ番組を統括する組織であるラジオ・テレビ最高評議会にたいし、この番組について異議申し立てをした。抗議行動はエスカレートし、それに同調したエルドアンは、番組放映中の二〇一二年、このドラマの監督と放送局を非難する声明を出した。これによって『壮麗なる世紀』は、放送局の変更と方向性の修正を余儀なくされたのである。

スレイマンそしてヒュッレムは、オスマン帝国のもっとも華やかな時代の登場人物であるだけに、いまなお人々を惑わせる存在であるようだ。

第四章

ミマール・スィナン

――「オスマンのミケランジェロ」と呼ばれた天才建築家

セイイド・ロクマン著『勝利の書』（1566年作）に描かれるスィナンとおぼしき人物（左）

1 元キリスト教徒の奴隷からエリートへ

「トルコのミケランジェロ」の素顔

その齢は一〇〇を数え、手がけた建築は七〇〇にせまる。オスマン帝国のみならず、イスラム世界の建築史に燦然《さんぜん》と輝く業績を残したスィナン。この不世出の天才建築家は、「建築家《ミマール》」あるいは「偉大な《コジャ》」と称され、二〇世紀に入ってからは「トルコのミケランジェロ」とも呼ばれた。

一六世紀後半、スィナンと同時代を生きた、当代随一の誉れ高い細密画家ナッカーシュ・オスマンは、宮廷史家セイイド・ロクマンによる著作『勝利の書』の挿絵のなかにスィナンとおぼしき人物を描いている。スレイマン一世の葬儀に臨席する、長い尺を手にした人物が、スィナンだという。豊かな白髭と大きな鼻を持ち、眼光鋭く職人たちの仕事ぶりを見つめるこの親方の肖像は、たしかに、名匠スィナンその人の特徴をとらえているように思える。

とはいえ、この感想はややひいき目かもしれない。ナッカーシュ・オスマンのような高名な細密画家は、スルタンなどの重要人物のみを手がけ、それ以外の登場人物たちは弟子が描くのが一般的であった。そのため、このスィナンの箇所は弟子の手によるものであり、その容貌は、ほかの人物と十分に描き分けられていない、とみなす研究者もいる。

現在、一般に流布しているスィナンの肖像画は、一九一三年にエディルネで戦死した洋画家ハサン・ルザの手による作品をもとにしているようだ。ハサン・ルザは、イタリア訪問中にエッチングによるスィナンの肖像画を見つけ、模写してトルコの研究者に贈ったという。その後これが広まって、さまざまな媒体で描かれるスィナンの姿のモデルになったらしいのである。もちろん、この絵が実際のスィナンの似姿であるという証拠はどこにもないし、もととなったイタリアにあるエッチングがどのような絵であったかも定かではない。

現在流布しているスィナン肖像画の一例

結局のところ、スィナンがいかなる容貌を持っていたかについては、わからないというほかなさそうだ。

しかしこれらの肖像画よりも、比喩的な意

味ではあるが、よほどスィナンの「素顔」を記している書物が存在する――彼の自伝である。

スィナンは、『建築家の覚書』もしくは『諸建築の覚書』などと呼ばれる自伝を残したことで知られる。正確には、スィナンの口述を、彼の友人である詩人サーイーが美文でもって書き記したものである。一建築家がみずからの伝記を書き著すというのは、イスラム世界の長い歴史のなかで異例のことである。ひとつの時代を築いた名建築家としての彼の自負が、ここにうかがえよう。一説には、同時代に活躍したブルネレスキやミケランジェロら、イタリア・ルネサンスの芸術家たちの伝記をスィナンは読んでおり、それに触発されてのことだともいわれる。

自伝とはいっても、詩人がその文才を発揮して華麗な美文に仕上げていることもあり、スィナンの率直な心境の吐露などは、残念ながら含まれていない。とはいえ、この存在によって、現代の私たちは、彼の生涯をつまびらかに知ることができるのである。

それでは、自伝を主たるよすがとして、この建築家の誕生から語りはじめることにしよう。

キリスト教徒の家庭に生まれた

スィナンは、一四九一年ごろ、アナトリア中部の都市カイセリにほどちかいアウルナス村のキリスト教徒の家庭に生まれた。「スィナン」はイスラム教に改宗したのちの名前であり、「槍の穂先」や「鏃《やじり》」という意味を持つ。生まれたときに付けられた名は伝わっていない。「スィナン」と音の似ている「シメオン」あるいは「シモン」という、キリスト教徒によく見られる名が本名であったとする説もあるが、これは想像の域を出るまい。

スィナンは、父の名について「アブドゥッラー」もしくは「アブデュルメナン」だと述べている。これらはいずれも、改宗したムスリムが、父親の本来の名（キリスト教の洗礼名であったろう）の代わりとして用いるムスリム名であった。そのため、彼の父親の本名も、やはり不明であるといわざるを得ない。

ともあれ、標高四〇〇〇メートルちかい高峰エルジエス山を望むアウルナス村で、スィナンは育った。この村で何事もなく、ひとりのキリスト教徒臣民として一生を終えるという人生も、ありえただろう。しかしスィナン青年は、二〇歳を過ぎて大きな人生の転機を迎える。セリム一世が即位して間もないころ、デヴシルメによって徴用されたのである。

デヴシルメとは、オスマン帝国独自の人材徴用制度である。領内に住むキリスト教徒臣

イェニチェリ軍団

民の少年を奴隷として徴用し、改宗させトルコ語を教える。しかるのちに、彼らのうちとくに有能な者は宮廷へ入ってスルタンの小姓となりエリート・コースを歩む。それ以外の者たちは、六連隊衆《アルトウ・ボリユク・ハルキ》と呼ばれる常備騎兵軍団か、イェニチェリと呼ばれる常備歩兵軍団へと組み込まれるのである。君主のみに忠誠を誓い、鉄の規律を持つ奴隷軍団であるイェニチェリは、銃砲の使用に熟達し、当時の中東・ヨーロッパで無敵を誇った、帝国の切り札たる存在であった。

一四世紀末にはじまったデヴシルメは、もともとバルカン半島の領地において施行されていたが、セリム一世の時代になってアナトリアにも拡大されることとなった。スィナンは、徴用されたとき、すでに二〇歳を過ぎていた。デヴシルメは本来、もっと幼い少年を徴用するのが常であったから、スィナンはやや薹《とう》が立っていたといえよう。

デヴシルメはキリスト教徒臣民にのみ施行されたため、彼がキリスト教徒であったことは間違いない。

問題は、彼の民族的出自である。キリスト教徒であるからには、ギリシャ正教徒かアルメニア教徒のどちらかである。前者であればギリシャ系、後者であればアルメニア系であることが一般的だ。問題を難しくしているのは、彼の親族——立身出世を成し遂げたのちのスィナンが、彼らについて便宜を図った文書が伝存している——のなかに、トルコ系の名を持つ人物が複数存在することである。

ここから、スィナンをトルコ系のキリスト教徒だとする見解もある。しかしアルメニア教徒も、本来のキリスト教徒としての名のほかに、しばしばトルコ風の通名を持っていたことが知られている。この文書のなかにアルメニア系の名を持つ者もいることを考え合わせると、スィナンがアルメニア系であった可能性は高いといえよう。その一方で、彼がギリシャ系であったという説も根強く主張されている。

結局のところ、スィナンがいずれのエスニック集団に属していたのかを確定する決定的な根拠はない。

しかし、スィナンの出自が何であったにせよ、当時のオスマン帝国の人々、そしてスィナン自身にとっても、意味のないことであったろう。オスマン帝国のスルタンはたしかにトルコ系の出自であり、帝国の公用語はトルコ語であった。しかし、オスマン帝国を含めた前近代のイスラム世界にとって重要なのは宗教の別であり、イスラム教にさえ改宗すれば、出自は問われないのが常だったからである。

ムスリムになったのちに問われるのは、その能力であった。スィナンは、同時代のヨーロッパよりもはるかに能力主義《メリトクラシー》の発展したオスマン帝国の組織のなかで、その卓越した才能を存分に示すことになる。

2　世界をめぐり、七〇〇もの建築を手がける

帝国の拡大とともに軍歴を重ねたスィナン

デヴシルメで徴用されたあと、スィナンはイェニチェリ軍団に配属された。内廷でスルタンに仕える小姓には選ばれなかったが、これに不思議はない。スィナンの才能は、小姓としてではなく、遠征や建築という現場において発揮されるものであったからである。

スィナンは自伝で、みずからがイェニチェリ軍団員として従軍した遠征の数々について

回想している。その遍歴を示すと——

セリム一世治世
シリア、エジプト遠征（一五一六～一五一七年。アラブ地域を支配するマムルーク朝を征服）

スレイマン一世治世
ベオグラード攻略（一五二一年征服）
ロドス島攻略（一五二二年征服）
モハーチの戦い（一五二六年。ハンガリーを征服）
オーストリア遠征（一五三二年。一五二九年の第一次ウィーン包囲に引き続きウィーンを目指すも、なかばで撤退）
イラク遠征（一五三四～一五三七年。サファヴィー朝を排除し、イラクにおける支配権を確立）
コルフ島および南イタリア攻撃（一五三七年）

モルダヴィア遠征（一五三八年。モルダヴィアに勝利）

こうしてみると、スィナンの軍歴は、まさにオスマン帝国の拡大とともにあったといえよう。スルタンの親征に従軍し、中東やヨーロッパを転戦するなかで、スィナンは各地の建築物を実見する機会を得た。これは、のちにスィナンが建築家として活動するのに、得がたい経験となったに違いない。スィナンは、エジプトのピラミッドから建築のインスピレーションを得たのではないか、と述べる研究者すらいる。

歴戦のイェニチェリ軍団員であったスィナンは、たんに一兵卒として従軍していたわけではなかった。イェニチェリ軍団に属する工兵としてさまざまな訓練を積んだ彼は、将来の建築家としての才能を、戦場でいかんなく発揮している。イェニチェリ軍団時代のスィナンについて、有名なエピソードをふたつ、紹介しよう。

一五三四年のイラク遠征において、オスマン帝国に相対したのは東方の宿敵であるサファヴィー朝であった。アナトリア東部、現在のトルコ―イラン国境付近にある広大なヴァン湖の西岸に布陣したオスマン軍は、対岸にいるであろうサファヴィー軍の動向をつかみあぐねていた。スィナンは、リュトフィー・パシャ（のちに大宰相も務めることになる政治家で、この遠征時はカラマン総督）の命令を受けてまたたくまに三隻のガレー船を建造、火砲を積載してヴァン湖東岸を偵察し、サファヴィー軍の情報を収集したのであった。

一五三八年のモルダヴィア遠征では、プルート川がオスマン軍の進行を妨げていた。やはりリュトフィー・パシャによって架橋を命じられたスィナンは、わずか一〇日ほどで木製の橋を完成させ、オスマン軍の渡河を可能にした。リュトフィーは、この橋を維持すべく見張り塔を建てることを望んだが、スィナンはそれに異を唱えた。スィナンは、もし橋が敵に破壊されたとしても、すぐに再建できると豪語したのである。

個人技から脱し、組織的な建築ネットワークを構築

それまで宮廷建築家長であったアジェム・アリスィが一五三七年に没すると、リュトフィー・パシャは重用していたスィナンを後任に推挙し、スレイマン一世もそれを是とした。ここに、建築家スィナンが誕生した。モルダヴィア遠征から帰還した直後、一五三九年のことである。以降のスィナンは、一五八八年に没するまで、まさにオスマン帝国を「作り上げる」ことに従事する。スィナン研究の第一人者ギュルリュ・ネジプオールが評するように、この半世紀は、まさに「スィナンの時代」であった。

スィナンは宮廷建築家長として、オスマン帝国各地の建築にたずさわった。彼自身の言を借りれば、「八〇の大モスク、四〇〇以上の小モスク、六〇のイスラム学院《マドラサ》、三二の宮殿、一九の墓廟、七のコーラン学校、一七の療養施設、三つの病院、七つの橋、一五の水道橋、六つの倉庫、一九の隊商宿、三三の浴場」を建てたという（合計六九八。ただし、写本によって数は違う）。

もちろん、いかにスィナンが超人的な天才であったとしても、ひとりで七〇〇件もの建築を監督しきることはできなかったはずである。

じつは、これほどの数の建築が、彼の作に帰せられるのには理由がある。スィナンの時代、それまで個人技にたよっていた宮廷建築家職は、建築家長を中心とした統一的な組織に再編された。それにともない、地方の建築事業も帝都イスタンブルの建築家長をかなめとするネットワークのなかに組み込まれたのである。そのため、スィナンは帝国全土の建築を統括し、さまざまな建物の立案等にかかわる立場にあった。彼がかかわったといわれる建築には、彼が中心的な役割を果たしていないものも含まれているとみなすべきであろう。

権威の象徴としてのモスク

スィナンは、スルタンの権威の象徴というべき巨大なモスクを三つ手がけている。王子《シェフザーデ》のモスク、スレイマニエ・モスク、そしてセリミエ・モスクである。

スレイマン一世とヒュッレムの息子であるメフメト王子は、その有能さから王位継承者として期待されていたが、一五四三年、病にかかり早世した。王子を悼んだスレイマンは、メフメトにちなむ大モスクの建築を、スィナンに命じたのである。こうしてスィナンは、一五四八年、イスタンブルに王子《シェフザーデ》のモスクを完成させた（本書一〇一頁参照）。

およそ一〇年後、スィナンはふたたびスルタンの命を受け、一五五七年、スレイマン一世の名を冠したスレイマニエ・モスクを完成させる。金角湾のエミノニュ港――海路でイスタンブルに入るさいの表玄関である――からは、西の丘にそびえたつスレイマニエ・モスクの威容を望むことができる。イスタンブルを船で訪れる者たちは、オスマン帝国とスレイマン一世の威光をいやおうなしに感じたことだろう。

スレイマニエ・モスク周辺には、イスラム学院、病院、救貧施設《イマーレト》、公衆浴場《ハマム》などさまざまな機能を持つ建物が併設され、複合施設《キュッリエ》をなした。大モスクに複合施設が付属するのはそれまでも一般的であったが、スレイマニエ・モスクの規模は群を抜いていた。なかでも、

大宰相イブラヒム・パシャの命令によって、スィナンが整備したカヴァラの水道橋

スレイマニエ・モスク付属のイスラム学院は、それまで第一位であった征服王《ファーティフ》モスク付属の学院「八広場《サフニ・セマン》」をしのぐ地位を与えられた。この学院で教鞭をとるイスラム学者はエリート・コースを約束され、将来のイスラム長老《シェイヒュルイスラム》や軍人法官《カザスケル》（オスマン帝国における宗教職の第一位と第二位）候補となった。

スィナンは、スレイマンのみならず、王族や大臣たちのためにもその技をふるった。代表的な作品としては、ヒュッレム后の命で建てたアヤ・ソフィア・モスク前の大浴場、ミフリマー王女の名を冠したふたつのミフリマー・モスク、ミフリマーの夫でもある大宰相リュステム・パシャのために建てたリュステム・パシャ・モスクが挙げられるだろう（本書九八、一七二頁参照)。

またスィナンは、地下の水源や水路を発見する不思議な才能を持っていたと伝えられる。史料中では超自然的な力によるものとされているが、なにか特別な知識を持っていたのであろうか。彼はこの力を駆使して、イスタンブルの水道の整備や、帝国各地の水道橋の整備・建設を行っている。スレイマン一世の大宰相イブラヒムの命によって、ギリシャ北東部の町カヴァラ旧市街にある水道橋を整備したのは、スィナンによる水利建築の一例である。

3 ル・コルビュジエが絶賛したセリミエ・モスク

セリミエ・モスク——スィナンの最高傑作

晩年を迎えたスィナンは、生涯の総決算というべき大事業に取り組む。

一五六六年にスレイマン一世が死去すると、スルタン位を継いだセリム二世は、一五七一年、ながらくヴェネツィアの支配下にあった東地中海のキプロス島を征服することに成功した。キプロス島からもたらされた莫大な戦利品は、スィナンが最高傑作たるモスクを建てるための資金となった――セリム二世の名を冠した、セリミエ・モスクである。

セリミエ・モスクの建築は、スィナンが長年にわたって模範とし、かつライバル視していたアヤ・ソフィア・モスクを超えんとする試みでもあった。

アヤ・ソフィア・モスクは本来、五三七年にビザンツ帝国の皇帝ユスティニアヌス一世（位五二七〜五六五年）が建てた聖ソフィア教会である。巨大なドームを冠する大聖堂は、ビザンツ帝国最盛期の威光を示す、世界でも屈指の荘厳な建築物のひとつであった。

一四五三年、オスマン帝国の征服王メフメト二世がコンスタンティノープルを征服すると、聖ソフィア教会はモスクへと作り替えられた（本書六二頁参照）。のちに、アヤ・ソフィア・モスクは、トプカプ宮殿に住まうスルタンが毎週金曜日に礼拝を行う、オスマン帝国でもっとも重要なモスクとなった。オスマン帝国のモスクは、それまでのムスリム諸王朝におけるモスクと異なり、大ドームを持つのが特徴とされるが、これにはアヤ・ソフィア・モスクの様式が影響を与えている。

聖ソフィア教会がモスクとなってすでに一〇〇年が経過したスィナンの時代、アヤ・ソフィア・モスクは、帝都の景観の欠かせない一部となっていた。しかしスィナンは、この

セリミエ・モスク

モスクがもともと異教徒の手による教会であり、ムスリムたる自分が乗り越えるべき対象であると、強く意識しつづけていたのである。スィナンは、聖ソフィア教会のドームが完成後まもなくして崩落したことを指摘し、その建築上の不完全さを批判している（実際、アヤ・ソフィア・モスクのドームは構造的に歪んでおり、現在にいたるまで幾度も補修工事が繰り返されている）。

ヨーロッパ側の古都エディルネにセリミエ・モスクが完成したのは、セリム二世が一五七四年に没し、次代のムラト三世があとを継いでのちの一五七五年であった。

スィナンは自伝で、セリミエ・モスクがアヤ・ソフィア・モスクを超えたと自賛している。ただし、純粋な大きさでいえば、両者は拮抗している。

セリミエ・モスクのドームの直径は、三一・二二メートルである。たいするアヤ・ソフィア・モスクのドームは、歪んでわずかに楕円となっており、短軸の直径は三〇・九メートル、長軸の直径は三一・八メートルである。

ドームの高さについていえば、地面から測るとセリミエ・モスクの四二・五メートルにたいしアヤ・ソフィア・モスクは五五・六メートルであり、後者のほうが高い。しかし、ドーム単体の高さでいえばセリミエ・モスクがうわまわっている。

ル・コルビュジエが絶賛したセリミエ・モスクの価値

セリミエ・モスクの価値は、たんに大きさだけではなく、その内部にもある。

セリミエ・モスクのなかに入ると、その開放的な堂内に驚かされる。壁と柱が多いアヤ・ソフィア・モスクとは対照的だ。やはり広い空間を擁するスレイマニエ・モスクや、スィナンの弟子メフメト・アーの手によるスルタン・アフメト・モスク（通称ブルー・モスク）に比べても、セリミエ・モスクが現出させた空間は突出している。スレイマニエ・モスクとスルタン・アフメト・モスクは、いずれも堂内に四本の巨柱が屹立し、それらがドームを支える構造になっている。たいしてセリミエ・モスクは、絶妙なバランスによってドームの重量を壁面に逃しているため、堂内に独立した柱を持たず（ただし、壁面に密着した柱はある）、視界をさえぎるもののない空間が広がっているのである。さらに、セリミエ・モスクの壁面に穿《うが》たれた多くの窓からは太陽光が差し込み、堂内が明るい光で満たされているのもその特徴であろう。

　またセリミエ・モスクは、八〇メートルを超える、当時のイスラム世界において比類なき高さを誇る四本の尖塔《ミナレット》を擁している。高い丘にそびえるセリミエ・モスクとその尖塔の威容は、現在では、国境を越えた遠くギリシャ側からも望むことができる。エディルネはキリスト教圏への遠征の出発地でもあったから、オスマン帝国時代のセリミエ・モスクは、聖戦へと赴くオスマン軍を力強く鼓舞したことであろう。

セリミエ・モスク内部の広大な空間

　二〇世紀を代表する建築家のひとりル・コ

ルビュジエ（上野の国立西洋美術館を設計したことでも知られる）が「エディルネの壮麗なる王冠」と評したセリミエ・モスクは、まさしくスィナンの最高傑作というにふさわしい建築であった。

俗に、「王子《シエフザーデ》のモスクは徒弟時代の、スレイマニエ・モスクは職人時代の、そしてセリミエ・モスクは親方時代の作である」とスィナンが語ったとされている。しかし、これは後代の史料にもとづく台詞《せりふ》である。スィナンは一五三九年から建築家長を務めているから、事実と異なっているということも付記しておく。

スィナンの死

スィナンは、セリミエ・モスクの完成から間もない一五八八年に死去した。享年は、西暦で数えるならおよそ九七歳、一年が三五四日程度のイスラム暦で数えたならば一〇〇歳となる。三代のスルタンに仕えた名匠は、スレイマニエ・モスクの傍らに作られた小さな墓廟に埋葬された。イスタンブルの城壁内での埋葬は特権とされており、スィナンの生前の業績が称えられた結果であった。

デヴシルメによって徴用された少年は故郷とのつながりを絶たれるのが通例であったが、

ミマール・スィナンの墓廟

スィナンは徴用時すでに二〇歳を過ぎていたことから、故郷の記憶を失わずにいたのであろう。宮廷建築家長として立身出世を成し遂げたあとも、故郷にいる親族との連絡を保ちつづけていた。彼は、キリスト教徒の甥の改宗を手助けし、またキリスト教徒の親族がキプロス島への強制移住の対象となったさいには、その取り消しを嘆願している。

スィナンは、息子と娘を少なくともひとりずつ、もうけている。しかし息子は、スィナンより早く、おそらくは従軍して戦死した。スィナン娘もスィナンの存命中に死去しているが、ふたりの孫がいたと伝えられている。

スィナンをめぐる狂騒——トルコ共和国の民族主義のなかで

スィナンは、二〇世紀初頭の研究者によって「オスマンのミケランジェロ」、オスマン帝国が滅亡しトルコ共和国が建国されてからは「トルコのミケランジェロ」と呼ばれた。新生トルコ共和国において、スィナンは、トルコ民族の輝かしい英雄として位置づけられたのだった。

トルコ共和国の民族的英雄としてスィナンを顕彰するにあたり、アキレス腱となったのは彼の民族的出自のあいまいさであった。トルコ共和国は、多民族・多宗教のオスマン帝国を否定して成立した、トルコ民族主義を国是とした国家である。ゆえに、スィナンはトルコ民族でなくてはならなかったのだ。スィナンが属したエスニック集団については、すでに記した通り、断定できないというのが現在の研究者による見解である。しかし、トルコ共和国建国期の研究者たちは、スィナンがトルコ民族であることを「証明」するために、私たちの想像を超えるいくつかの試みを行っている。

ひとつは、ある研究者が写本に手を加え、スィナンの出自を捏造したという疑惑である。一八世紀に、オルフィー・マフムト・アーという人物によって著された『エディルネ史』という書物がある。その一写本の欄外に、スィナンの祖父はアウルナス村の大工の棟梁トガン・ユスフ・アーというトルコ系の名を持つ人物であり、デヴシルメによって徴用される前の若きスィナンは、そこで修業を積んだという記述が書き込まれていた。スィナンの幼少時代を具体的に語ったこの「史料」の内容はじつに魅力的なものであり、トルコ共和国初期には広く受容された。

しかし一九五一年、この欄外の書き込みは古いものではなく、トルコ共和国初期にスィナンについて多数の論考をものしたリファト・オスマンが書き加えたものである、という匿名の告発がなされたのである。だが当のリファト・オスマンは一九三三年に死去、彼が持っていたはずの写本はすでに行方不明となっており、その検証は不可能となってしまった。

現在の学問的な研究者は、当該の記述は捏造だという見解で一致している。その一方で、ムスタファ・ケマルの養女である歴史研究者アーフェト・イナンは、一九六八年に著したスィナンについての研究書のなかで、この欄外書き込みの記述をそのまま史実として記しているのであった。

頭蓋骨の長さからスィナンの人種を「鑑定」

ふたつめは、これに劣らずセンセーショナルな試みであった。一九三五年、アーフェト・イナンを中心とするグループが、スィナンがトルコ人であることを示すために彼の墓を掘り起こし、その頭蓋骨を取り出して鑑定したのである。

もちろん、一九三〇年代のことであるから、現在のようなDNA鑑定の技術があるわけではない。彼女らは、頭蓋骨の長さを計測することで、スィナンがいずれの人種に属するかを証明しようとしたのだ。

これには、少し説明が必要だろう。当時のトルコでは、人類は頭蓋骨の形状によって「短頭人種」と「長頭人種」に分類できるという学説が唱えられ、六万四〇〇〇個もの人骨が調査された。それによれば、トルコ人は前者の短頭人種に属しており、後者よりも優れた人種であった。もちろん、現在の学問的水準からいえば荒唐無稽な説ではある。しかし、こうした人種論は、当時のヨーロッパにおいて流行していた最先端の学問だったのである。

頭蓋骨の計測の結果、スィナンはトルコ人であることが晴れて「証明」されたのだった。これを受けてムスタファ・ケマルは、スレイマニエ・モスクの地区にスィナンを顕彰する

アンカラ大学構内に立つミマール・スィナン像

施設を建て、スィナンの彫像を作成することを命じている（ただし、顕彰施設の建設は実現しなかった。彫像は一九五四年に完成し、現在、アンカラ大学の言語・歴史・地理学部にその雄姿を見ることができる）。

この珍妙なエピソードには、後日談がある。頭蓋骨が計測された数年後、スィナンの墓廟の修復のため、ふたたびスィナンの墓は掘り起こされた。しかし、そこに安置されているはずの彼の頭蓋骨は、見つからなかったのである——先の「調査」のあと、墓に戻されることなく失われたのだった。この事件は、近年トルコであらためて報道されて大きなスキャンダルとなった。二〇一六年、公正発展党のアフメト・ダヴトオール首相（当時）は、これを「われわれの歴史における汚点」と難じ、調査を命じた。現在の公正発展党政権のもとでは、トルコ共和国初期において実践された極端な民族政策が、しばしば批判の俎上《そじょう》にのせられている。ただしこうした批判は、学問的というよりも、政争の具としての性格が強いようにも見受けられる。

三五〇年もの眠りを妨げられたスィナンではあるが、彼がトルコやオスマン帝国のみならず、イスラム世界を代表する英傑であることに疑いはない。いまに伝わる多くの建築物こそが、彼の真の墓廟である、とはいえないだろうか。

コラム2

非ムスリム──宗教の共存は本当か

イスラム世界の歴史を語るさいに、これまでキーワードになってきた言葉がある。「宗教の共存」である。イスラム教は、同じ一神教を奉じるキリスト教徒・ユダヤ教徒を「啓典の民」とみなす。こうした規定に従って、ムスリム王朝は、非ムスリムに庇護《ズインマ》を与え、一定の制限のもとで生命の安全と宗教の自由を保障したのである。一定の制限とは、人頭税《ジズヤ》の支払い、政治参加の制限、教会の新築禁止、衣服に非ムスリムとわかるしるしを身につけること、などであった。

こうした制限があったとはいえ、共存の条件が明示されていたことは、異教徒にとって相対的に住みやすい社会であったのは間違いない。たとえば、中世ヨーロッパにおいて、キリスト教政権のもと多数のムスリムが居住していた国として、シチリア王国が挙げられる。しかしシチリアでは、最終的にムスリムは放逐と同化の道をたどった。キリスト教徒・ユダヤ教徒の共同体が消滅することなく近代まで継続したイスラム世界とは、明確な違いがある。一五世紀末、レコンキスタの完遂にともない、キリスト教徒によってスペインからユダヤ人が追放されたとき、彼らが安住の地に選び移住したのはオスマン帝国であったのは有名である。

オスマン帝国も、異教徒の共同体に自治を与えるという、ムスリム王朝の伝統を受け継いでいた。さらにオスマン帝国は、ほかのムスリム王朝とは明確に異なる性格を持っていた。バルカン半島を中心に発展したこの国は、ほかの王朝に比べて、圧倒的に非ムスリムの割合が多かったのである。地域や時代によって差があるものの、たとえば帝都イスタンブルのおよそ半数の住人は、非ムスリムであった。ムスリム王朝のなかでもサファヴィー朝やマムルーク朝では、国家による異教徒への迫害や改宗の強制がみられたが、オスマン帝国においては、両王朝ほどの迫害はなかった。これはひとえに、非ムスリムの存在感が大きいという、オスマン帝国の持つ歴史的背景が影響していよう。

であるから、オスマン帝国が宗教の共存をある程度実現していたというのは正しい。しかし注意しなければならないのは、オスマン社会は決して平等ではなかった、という点である。非ムスリムは、イスラム教のきまりに従い、不利な立場におかれていた。

一九世紀には、宗教の別なく臣民に平等な権利を与える「オスマン主義」が追求されるが、その完全な実現をみることなく、帝国は滅亡する。共存のみならず平等をも達成するのは、現在の国家にとっても困難な課題である。オスマン帝国も、その例外ではなかったのだった。

第五章 キョセム
——ハレムで殺害された「もっとも偉大な母后」

母后キョセム。胸に抱く幼児は、息子のムラトもしくはイブラヒム。17世紀作

1　ヒュッレムを越えて、帝国史上もっとも権力を持った女性

聖母マリアのように描かれたイスラム帝国の后

豪奢な衣装をまとった、白皙《はくせき》の肌を持つ貴婦人が、じっとこちらを見つめている。そのはだけた右胸では、年齢には不釣り合いなほど華美な服を着た幼児が乳をはんでいる。

この絵が範としているのは、西洋の芸術家たちが数え切れぬほど描いてきた、聖母マリアとイエスの肖像であることは疑いあるまい。その一方で、母子が身にまとっている被り物や靴の意匠は、このふたりがイスラム世界の貴人であることをうかがわせる。

聖母ならぬ女性の名は、マフペイケルという。キョセム、というあだ名のほうが、より通りがよいだろう。一七世紀前半のオスマン帝国において、半世紀ものあいだハレムのあるじとなり、「もっとも偉大な母后」と呼ばれたのが、彼女であった。赤子は、彼女の息子であるムラトかイブラヒムであろう。

キョセムは、一七世紀初頭のスルタン、アフメト一世（位一六〇三～一六一七年）の后

である。アフメト一世の死後は、彼の弟であるムスタファ一世（位一六一七〜一六一八年、一六二二〜一六二三年）とほかの妃の息子であるオスマン二世（位一六一八〜一六二二年）の短い治世をはさんで、彼女の息子であるムラト四世（位一六二三〜一六四〇年）とイブラヒム（位一六四〇〜一六四八年）、そして孫のメフメト四世（位一六四八〜一六八七年）が即位する。キョセムは、三人のスルタンの母そして祖母として、権勢をふるったのだった。

この絵の来歴についても触れておこう。

一六二八年、神聖ローマ帝国皇帝フェルディナント二世（位一六一九〜一六三七年）はオスマン帝国に使節を派遣し、使節団はオスマン帝国で八か月を過ごした。このとき大使は何人かの画家をともなっており、オスマン帝国を題材にとったさまざまな絵を描かせた。その一枚が、このキョセムの肖像である。

もちろん、キョセムがこのような、あられもない姿でモデルになったとは考えられない。画家が直接、キョセムに拝謁したことがあったかも怪しかろう。ゆえに、この絵は基本的には画家の想像の産物であるといわざるを得ない。

ただ、同時代のイスタンブルに暮らし、外交使節の一員としてオスマン帝国の政治家たちとの付き合いもあっただろう画家が、キョセムの容貌について、いくばくかの噂を聞いてはいたと考えられる。

画家は予想していなかったであろうが、この絵が聖母子に似せて描かれているのは、歴史の皮肉であった。彼女の生涯は、聖母マリアとは似ても似つかぬ、陰謀と血にまみれたものだったからである。

その権勢は、スレイマン一世の寵姫として名高いヒュッレムすら超えていた。オスマン帝国史上、女性としては最大にして最長の権力を握ったキョセムの生涯は、どのようなものだったのだろうか。

変容するオスマン帝国――兄弟殺しの廃止

キョセムが活躍した一七世紀は、オスマン帝国という国のありかたが激変した時代であった。波乱に満ちた彼女の生涯を理解するための前提として、この時代のオスマン帝国が経験した、王位継承と権力構造についての変容を説明しておこう。

王位継承にかかわる大きな変化は、兄弟殺しの廃止である。

オスマン帝国では、将来の王位継承争いを未然に防ぐために、新しく即位したスルタンの兄弟とその息子たちは処刑されるのが慣例であった。メフメト二世の時代に法制化されたこの制度のもと、ムラト三世（位一五七四～一五九五年）即位時には五名、メフメト三世（位一五九五～一六〇三年）即位時にはじつに一九名の王子たちが処刑された。メフメト三世の幼い弟たちをとむらう長い葬列に、イスタンブルの人々は涙した。争いを防ぐための慣例とわかってはいても、一般民衆の自然な感情として、兄弟殺しは受け入れがたい悲劇だったのである。

メフメト三世が予期せぬ病で早世したのち、即位したアフメト一世は一三歳であり、まだ子を持っていなかった。アフメトが子をなせるか否か不明だったゆえであろう、王家の慣例に反して、アフメトの弟ムスタファは処刑されなかった。まもなくアフメトが王子をなしたあとも、ムスタファはそのままハレムの一室に軟禁されつづけた。おそらくは、彼が精神を病んでいたためである。

アフメト1世。レヴニー画『絵入り大系譜書』より

こうして、兄弟殺しの慣例は破られた。た

だし一七世紀前半のあいだは、まだ完全に廃止されたわけではない。新スルタンの即位時にオートマチックに兄弟たちが処刑されることはなくなったものの、機会に応じて処刑される例はしばらくみられた。

権力構造における大きな変化は、スルタン以外の人々が権力を握り、党派を形成して国政に関与するようになったことである。

スレイマン一世時代までのオスマン帝国では、スルタンただひとりが絶対的な権力を手にしていた。しかし、一六世紀後半から、国家組織の発展や複雑化にともなって、相対的にスルタンの権力は後退していった。宮廷では、ハレムがトプカプ宮殿に移動したのを機に、スルタンの母后や、ハレムを統括する黒人宦官長が急速に力をつけていた。スルタンの絶対的代理人である大宰相が帝国第二の権力者であるのは変わらないが、その座を狙う政治家たちが、ライバルとして陰に陽に競い合うようになる。帝国の司法と宗教を統括するイスラム長老《シェイヒュルイスラム》をはじめとする宗教系官僚たちの存在感と発言力も、増しつつあった。

こうした有力者たちは、たがいに合従連衡《がっしょうれんこう》を繰り返して党派を形成し、ときには常備騎兵軍団やイェニチェリ軍団などの軍事力と結びついて反乱を起こした。デヴシルメは徐々に行われなくなり、自由人のムスリムが伝手《つて》を通じてイェニチェリ軍団員に登録されるようになる。

一七世紀には、頻繁に発生した都市反乱の混乱のなかで、スルタンが弑逆《しいぎゃく》されることすらあった。そして、こうした権力争いは、キョセムの人生の軌跡と重なっているのである。

キョセムの登場――アフメト一世の時代

キョセムは、ほかの後宮の女性たちと同じく、奴隷としてハレムに献上された。彼女の出自は、ながらく謎であった。南スラヴ系の民族であるボシュニャク人であるとも、あるいは東方のチェルケス出身であるともいわれた。

しかし近年の研究では、彼女は、エーゲ海に浮かぶキクラデス諸島、おそらくはティノス島に住んでいた正教徒だったと考えられている。当時、クレタ島をはじめとしたエーゲ海のいくつかの島は、いまだオスマン帝国の領土に組み込まれてはいなかった。クレタ島はヴェネツィアの重要な拠点であり堅固に守られていたが、ティノス島のような小島はその限りではなかった。キョセムは、海賊によってティノス島から拉致され、ボスニア総督のもとに送られたようだ。ボスニア総督は、キョセムの美貌と才覚を見て取ったのであろう、彼女をスルタンのハレムに献上したのである。

彼女の本名は、キリスト教の聖人にちなんだ「アナスタシア」であったといわれているが、これは後代の史料にもとづく。ヒュッレムやスィナンと同様に、キリスト教徒時代の洗礼名は不明とすべきであろう。

ハレムに入ったときに彼女に与えられた名は、マフペイケルであった。おそらくは彼女の顔つきから取られたのであろう、「月のような顔」を意味する。

しかしアフメト一世の寵愛を得たのちの彼女は、次第に別の名――「キョセム」と呼ばれるようになった。キョセムとは、群れを統率するリーダー格の羊、あるいは羊同士を闘わせる競技で用いられる羊のことである。ハレムの女主人であった彼女に、これほどふさわしいあだ名はあるまい。

一六〇三年に一三歳で即位したアフメト一世は、即位当初には複数の寵姫と交わって子をなし、スルタンとしての責務を果たした。しかし、即位後まもなくしてキョセムがハレムに献上されると、アフメトは次第にキョセムひとりを愛するようになる。キョセムは美貌であっただけでなく、機知に富み、優雅で人を惹きつける魅力があった。歌唱を得意とし、これがスルタンを虜にしたともいう。

キョセムの生年は明らかではないが、一五九〇年生まれのアフメトと、ほぼ同い歳であったとみられる。若いスルタンにとって、キョセムは気のおけない友人あるいは相談役のような存在であったかもしれない。

アフメトがキョセムを深く愛していたことは、ふたりが正式に結婚していたことからもわかる。ヒュッレムのときにも述べたように、いくらスルタンの寵愛を受けていても、奴隷出身である妃がスルタンと正式な婚姻関係を結ぶことは稀であった（本書九四頁参照）。アフメトとキョセムとの婚姻について、オスマン帝国の年代記作家たちはなにも触れていない――スレイマン一世とヒュッレムの婚姻について口を閉じていたように。だが、のちにキョセムがヴェネツィアに送った書状において、ふたりの正式な婚姻について言及されていることが、近年、明らかになっている。

アフメトはキョセムに、エジプト州――帝国のもっとも重要な財源――の一年間の税収に匹敵するほどの価値を持つ耳飾りを贈ったという。七人の王子と四人の王女をなした（ただし、数には諸説ある）ことからも、若いふたりの夫婦生活が円満であったことがうかがえる。

オスマン帝国史上初の、弟による王位継承

アフメト一世は、内政でも外政でも目立った成果を挙げてはいないが、スルタン・アフメト・モスク（通称ブルー・モスク）を建てたスルタンとして知られている。建築の指揮を執ったのは、名匠ミマール・スィナンの弟子メフメト・アーであった。アヤ・ソフィア・モスクの向かいにそびえるスルタン・アフメト・モスクは、いまイスタンブル随一の観光名所としてにぎわいを見せている。

そのアフメト一世は、一六一七年、二七歳で早世した。あとを継いだのは、彼の息子ではなく、幽閉されていた弟ムスタファであり、彼はムスタファ一世として即位した。オスマン帝国史上初の、弟による王位継承である。

キョセムは、トプカプ宮殿のハレムを退去し、「涙の宮殿」とも呼ばれた旧宮殿へと移る。かつてスルタンのハレムがあった旧宮殿は、一六世紀後半、トプカプ宮殿にハレムが増設されるにともなって、現スルタンの母をのぞく先王の寵姫たちが住まう場となっていたのである。

ムスタファ一世は、しかし、精神的な弱さからスルタン位の重責をになうことができなかった。即位から九六日後、玉座はオスマン二世のものとなる。オスマン二世はアフメト

スルタン・アフメト・モスク

一世の王子であるが、母はキョセムではなく、マーヒルーゼという名の女性であった。彼女はオスマン二世が即位してまもなく亡くなっている。

一三歳で即位したため「若人王《ゲンチ》」の異名をとるオスマン二世は、改革の理想に燃えたスルタンであった。しかし彼の試みた軍事改革は、その拙速さによって、イェニチェリ軍団の恨みを買うことになった。イェニチェリは反乱を起こしてスルタンを捕らえ、処刑するという暴挙にでる。オスマン帝国史上初の、スルタン弑逆《しいぎゃく》であった。

代わってふたたびムスタファ一世が即位するが、やはり彼はスルタンの責務を果たすことができず、一年強で退位する。代わって即位したのは、アフメト一世とキョセムのあいだに生まれた王子、ムラトであった。

2　狂王の母としてハレムに君臨

女性初・スルタンの「摂政」として国政を取り仕切る

一六二三年にムラト四世が即位したとき、彼はいまだ一一歳であった。それまでのスルタンたちのうち、もっとも若くして玉座に就いた君主である。

息子の即位によってキョセムは、晴れて、旧宮殿からトプカプ宮殿に返り咲いた。そのキョセムに、さっそく危機が訪れる。スルタンの代替わりのさいには、イェニチェリ軍団に賞与が下賜されるのが慣習であったが、短期間に複数のスルタンの即位が繰り返されたためか、国庫に十分な額の貨幣が残っていなかったのである。期待していたボーナスが与えられぬと知ったイェニチェリ軍団は、不満でいまにも反乱を起こしかねなかった。一触即発の状況下で、キョセムは宮殿にたくわえられた数々の財宝を造幣局に送り、急ぎ貨幣を造らせて下賜金としたのである。

機転によって即位早々の危機を乗り切ったキョセムは、幼いムラト四世のナーイブとして国政を取り仕切った。ナーイブとは、もともと代理人の意味であるが、ここでは「摂政」と訳すべきであろう。スルタンのナーイブを公的に名乗った唯一の女性が、彼女であった。

彼女の摂政としての役割は、ほぼ一〇年間続く。一六三二年、二〇歳になっていたムラト四世は、騒擾《そうじょう》を起こした常備騎兵軍団をイェニチェリ軍団の支持を得て鎮圧すると、これを機として母の影響から脱して親政を開始した。

武者姿のムラト4世

オスマン帝国歴代スルタンの肖像は、ターバンや長衣《カフタン》を着けた姿で描かれるのを常とする。そのなかにあって、ひとり、鎧兜の武者姿で描かれる人物が、ムラト四世である。この姿は、遠征後に、慣例を破って甲冑《かっちゅう》をまとい凱旋したという史実にもとづいている。軍事的才能にあふれたムラト四世は、二度の東方遠征を敢行した。サファヴィー朝と戦ってバグダードを確保し、エレヴァン（現在のアルメニアの首都。ただし、ムラト四世没後に奪回される）を獲得した彼は、「東方の王《シャルクン・スルタヌ》」あるいは「当代のアレクサンドロス」と称賛された。

ムラト四世の武勇と技量については、さまざまな逸話が伝わっている。ムラトは、東方への進軍中、溺れた部下を助けに馬を駆って川に入り、部下の襟首をつかんで陸に放り投げて助けたという。また、オーストリアの大使が一〇枚の盾を贈り物として献上したさい、ムラトは旗指物《はたさしもの》でそれらを貫き通し、送り返したとも伝えられる。

ただし、幼いころのムラト四世は病弱であった。成人してからも、勇猛なエピソードの裏で、しばしば病に倒れている。そのためであろうか、キョセムは、息子の不摂生に苦言し健康を案じる書簡を送っている。忠告を聞かない息子にいらだちをみせているのは、どこにでもみられる母子のやりとりのようで微笑ましい。

宗教職の最高位・イスラム長老を処刑

ムラト四世が親政を開始したのちも、キョセムは国政から完全に排除されたわけではなく、ムラト四世の遠征中は、キョセムがイスタンブルで代理を務めていた。

ムラト四世とキョセムが、ふだんから綿密に連絡を取り合っていたことは、一六三四年に起こった事件からうかがい知ることができる。ブルサに行幸したムラト四世が、途中のイズニクで無礼を働いたイスラム法官《カーディー》を処刑しようとした。これを聞き知ったイスラム長老は、キョセムにとりなしを頼んだが、キョセムは、すぐにイスラム長老の介入について息子に警告した。それを受けてムラト四世は、イスタンブルに戻るとイスラム長老を処刑したのである。宗教職の最高位であるイスラム長老の処刑は、オスマン帝国においてはじめての事件であった。

ムラト四世は、民衆にたいしても厳しい態度を取ったことで知られる。風紀の乱れが反乱の原因だと考えた彼は、当時のイスタンブルで流行していたコーヒーハウスを公序良俗《こうじょりょうぞく》に反するとして閉鎖させ、酒や煙草も厳しく取り締まった。変装して部下とともにイスタンブルの市街をパトロールし、違反者を手打ちにしたという逸話も伝わる。こうしたムラト四世の政策には、このころ台頭していたカドゥザーデ派と呼ばれる、いわゆる原理主義的な宗教集団が影響を与えていた。

ただし彼自身は、飲酒をたしなみ、斎戒月《ラマダン》に断食をすることもなかった。現在でも有名なボズジャ島産ワインを、勅令によってスルタン専用にしたという、酒飲みとしてはうらやましくなるようなエピソードもある。個人としての生活は、宗教的な厳格主義とは無縁であったようだ。

ムラト四世は、みずからの支配にとって不安材料とみなしたのであろう。親政を開始してのち、機会をとらえて三人の弟、スレイマン、バヤズィトそしてカースムを処刑している。このうち、スレイマンとカースムはキョセムの腹であった。実子の処刑にキョセムがなにを思ったか、史料は伝えていない。

ムラト四世は、イタリアの知識人マキャベリの著作である『君主論』のトルコ語訳に親しんでいたという。彼の君主としての容赦ない苛烈なふるまいには、マキャベリの影響があるのかもしれない。

ムラト四世は、一六四〇年、まだ三〇歳前という若さで、病に倒れて死去した。長年、東方を戦場としていたムラト四世が、満を持して西方へと向かわんとしていた矢先であった。このときヨーロッパは三十年戦争のさなかであり、もしムラト四世の西方遠征が実現していれば、その後の西洋史は大きく変わっていたに違いない。

ムラト四世はすくなくとも四名の息子をもうけたが、みな夭折《ようせつ》していた。ムラトは、ハレムの女性たちと交わるのを好まず、ムーサーという小姓を寵愛していたという。それゆえか、治世後半には、世継ぎをつくろうともしなかったようだ。

死の床でムラト四世は、弟イブラヒムの処刑を配下に命じている。イブラヒムは、当時、ムラト以外で唯一生存していたオスマン王家の男子であった。すなわち、イブラヒムの処刑は、オスマン王家の断絶を意味する。ムラト四世は、クリミア・ハン国の王子、もしくはムスタファという側近が玉座を継ぐことを望んでいたらしい。死の間際に錯乱したのであろうか、あるいはイブラヒムに王位をになう能力がないと考えてのことだったのだろうか。

イブラヒム処刑の命令は、しかし、キョセムによって防がれた。キョセムはハレムの地下室にイブラヒムをかくまい、ムラトが送り込んだ処刑人の目から隠したのである。オスマン王家がその後も長く——王家としてでなければ現在まで——存続しえたのは、彼女の功績だといえよう。

「狂王」と呼ばれたイブラヒム

こうしてムラト四世は、いまわの際《きわ》の「ご乱心」ののち死去し、二四歳のイブラヒムが玉座を継いだ。イブラヒムは、二〇世紀初頭の歴史家によって「狂王《デリ》」とあだ名されたスルタンである。高価な黒貂《くろてん》の毛皮を愛好して膨大な浪費をし、実の息子をプールに投げ込

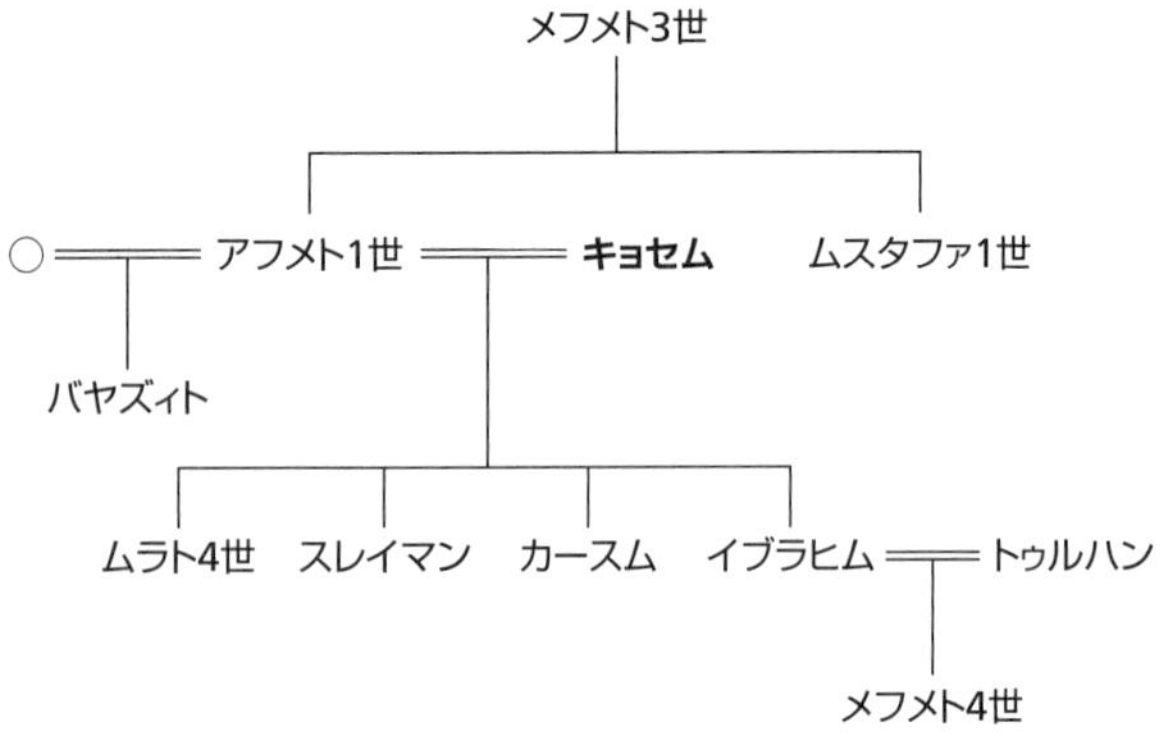

キョセムとその息子たちの系図

むなどさまざまな奇行で知られる彼は、一七世紀におけるオスマン帝国の「衰退」をもっともよく象徴するスルタンだといえる。「イブラヒム」の名を継ぐスルタンがこのあと現れなかったのは、彼の不人気ゆえだったとも。

　たしかに、彼が玉座でつねに落ち着きのないたたずまいを見せていたことは、同時代の年代記作家が伝えるところである。ただしその程度は、ムスタファ一世や、のちのムラト五世（位一八七六年）に比べるとよほど軽いものであったと考えられる。本当にスルタンの重責に耐えられぬほどの状況であれば、ムスタファ一世やムラト五世がそうであったように、廃されたはずである。八年間におよぶ彼の治世前半は比較的安定しており、クレタ島をめぐるヴェネツィアとの戦いさえなければ、おそらくはもっと長く続いていただろう。イブラヒムは当初、女性に興味を示さなかったが、これは王朝の存続にとって大問題であった。即位後、キョセムをはじめ、高官たちがつぎつぎと女奴隷をハレムに献上すると、イブラヒムはまたたくまに複数の王子をなした。こうしてオスマン王家断絶の危機は、ひとまず回避された。イブラヒムのハレムには、すくなくとも一五人もの寵姫がいたといわれている。

にぎわうハレムに君臨していたのは、やはりキョセムであった。キョセムは、イブラヒムの寵愛を受けて増長していたシェケルパーレという妃を、殴打させハレムから追放している。

イブラヒムは、こうした母の介入を疎ましく思っていたのかもしれない。あるとき彼は、キョセムをロドス島に移住させる命令を下す。実質的な流刑である。結局、ロドスへの移住は実現しなかったが、代わりにキョセムは、トプカプ宮殿から遠く離れたイェシルキョイ（イスタンブルの西部）に、一時的に住まうことになった。

イブラヒムは、治世末期にはヒュマーシャーという妃を愛し、正式に結婚してもいる。結婚後の彼は、ほかの妃には目もくれなかったという。

キョセムとイブラヒムのあいだの亀裂は、徐々に広がっていったようだ。キョセムは、息子に殺されるのではないかという疑いすら抱いていた。

イブラヒムの治世後半は、クレタ島をめぐるヴェネツィアとの戦いなどを機に、社会不安とスルタンへの不満が高まっていた。一六四八年、臨時税を徴収しようとした大宰相に反発したイェニチェリ軍団長たちが、イスラム長老を巻き込んで蜂起した。イブラヒムは大宰相を罷免することで事態の鎮静化を図ったものの、事態はエスカレートし、反乱者たちはイブラヒムの廃位を要求するにいたる。キョセムは、当初は廃位に反対したが、最終的に要求を受け入れた。イブラヒムは廃位されたのち、処刑された。

3　ハレムでの暗闘のすえに処刑される

ライバル、トゥルハン妃との暗闘――キョセムの孫・メフメト四世の時代

イブラヒムに代わっては、キョセムの孫メフメトが、メフメト四世として即位した。即位時のムラト四世よりも若い、まだ六歳の幼子であった。

本来ならば、母后の座を失ったキョセムは、トプカプ宮殿のハレムを退去して旧宮殿に

住まわねばならない。しかし、スルタンは幼く、メフメト四世の母トゥルハンも二一歳の若さであった。そのためキョセムは、新スルタンの後見人としてトプカプ宮殿にとどまりつづけたのである。

イブラヒムの廃位と処刑から引き続く混乱のなか、キョセムは子飼いの部下を大宰相に就任させ、宗教的厳格主義を奉じるカドゥザーデ派の人々を重用することで影響力を拡大させる。キョセムは「もっとも偉大な母后」と呼ばれ、「信徒たちの母《ウンム・アル・ムウミニーン》」という、預言者ムハンマドの妻たちの称号も用いた。これは、「信徒たちの長《アミール・アル・ムウミニーン》」――全ムスリムの指導者たるカリフがおびる称号であり、当然オスマン帝国のスルタンもこれを名乗った――になぞらえたものである。「当代のファーティマ、現代のアーイシャ」と、直接、ムハンマドの娘や妻に比されることもあった。

キョセムの権勢は絶頂にあるかにみえた。しかしこうしたなか、キョセムの専横を嫌う

メフメト4世の母、トゥルハン

者たちが、トゥルハンの周りに集まりつつあった。ウクライナ出身でクリミア・ハン国の襲撃によって奴隷となった——すなわち、ヒュッレムと同じ出自である——、青い目と白い肌、そして茶色の髪を持つトゥルハンは、キョセムと区別するため、このころ「小母后」と呼ばれていた。

トゥルハン派の台頭に危機感を覚えたキョセムは、メフメト四世を廃し、代わりにメフメト四世の異母弟であるスレイマンを即位させようとたくらんだ。トゥルハンよりも、スレイマンの母のほうがくみしやすいとみたのである。

ハレムで殺害された、唯一の母后

一六五一年九月二日、キョセムがハレムに協力者を招き入れ、メフメト四世を殺害させようとした直前、キョセムに仕える侍女の裏切りによって、トゥルハン派はこの陰謀を察知した。トゥルハン派は、押っ取り刀で兵を率いてトプカプ宮殿に押し入り、キョセムを捕らえて絞殺したのだった。オスマン王家の貴人を処刑するさいには、血を流さないのが作法であった。このときの凶器は、カーテンの紐だったとも、彼女自身の髪だったともいわれている。

まさに間一髪の差で、キョセムはハレムでの暗闘に敗れたのである。

キョセムは、ハレムで殺害された、オスマン帝国の歴史において唯一の母后となった。彼女が殺された部屋では、トプカプ宮殿のハレムが閉鎖されるまで、とむらいのためか蠟《ろう》燭《そく》が灯されつづけた。「もっとも偉大な母后」と呼ばれた彼女は、死後「弑《しい》された母后」と呼ばれるようになる。

彼女の遺体は、夫であるアフメト一世の傍らに埋葬された。アフメト一世と同年代だとすると、およそ六〇年の生涯であった。

彼女は収賄と売官を常とし、私腹を肥やしたとして、同時代の歴史家たちに批判されている。しかし、前近代の社会において手数料と賄賂の境目はあいまいであったし、すくなくとも彼女は吝嗇《りんしょく》ではなかった。キョセムは、ほかの王族女性たちと同様、イスタンブルをはじめとした帝国各地に宗教寄進《ワクフ》を行っており、その数は歴代母后のうちでも三本の指に入る。イスタンブルのアジア側、ウスキュダル地区のチニリ・モスクとそれに付随する複合施設は、彼女の寄進による施設の代表例である。

お忍びで牢獄を訪れ、借金を返せずに投獄された人々の負債を代わりに支払い、釈放させたという逸話も伝わる。歴史家たちの評価はともかく、彼女が民衆に愛されていたのは

ハレムの光景。本章冒頭で紹介したキョセム像を手がけたのと同じ画家たちによって描かれた

疑いない。

　さて、キョセムを排除してハレムのあるじとなったトゥルハンであるが、彼女はキョセムほど権力欲の強い人間ではなかったようだ。一六五六年、ヴェネツィアがダーダネルス海峡を封鎖するという国家的危機にあって、トゥルハンは、大宰相キョプリュリュ・メフメト・パシャ（任一六五六～一六六一年）に全権を与え、事態の収拾を任じた。八〇歳にならんとするこの老人は、トゥルハンの期待に見事こたえて、内憂外患を取り除いて帝国を安定させることに成功したのだった。彼の息子ファーズル・アフメト・パシャも有能であり、父のあとを継いでやはり大宰相を務めた（任一六六一～一六七六年）。オスマン帝国が

最大版図を達成するのは、彼の時代である。

最後に、ひとつの疑問に答えておこう。キョセムは、果たして権謀術数に長けた悪女であるがゆえに、あれほどの権勢をふるいえたのだろうか。

おそらく、そういう一面もあったろう。だが、それだけではない。キョセムが活躍した時代は、一六世紀後半のハレムの移動にともない、政治の中心たるトプカプ宮殿とスルタンの後宮たるハレムとが隣接し、ハレムの住人が政治に影響力を持ちやすい状況になっていた。すなわちキョセムの権勢は、一六世紀後半に起こった帝国の構造変化がなさしめたものだったのである。

しかし、およそ一〇〇年後の一七世紀後半、大宰相キョプリュリュ・メフメト・パシャが剛腕をふるったころから、政治の中心は、トプカプ宮殿から大宰相府に移っていった。一七世紀後半よりハレムの女性が政治の表舞台に登場しなくなるのは、こうした国政の転換を背景としていると考えられる。

いずれにせよ、ハレムが国政に力を持ちえた時代は、キョセムの死をもって終わったのである。

『オスマン帝国外伝』続編の主人公に

同時代からヨーロッパでその名をとどろかせ、さまざまな戯曲の題材となったヒュッレムと異なり、キョセムはほとんど創作の対象となっていない。肖像画にしても、ヒュッレムについてはいくつも伝存しているにもかかわらず、キョセムについては本章冒頭で紹介した作品が数すくない例である。

二〇世紀に入ると、トルコの歴史家アフメト・レフィクが『女人の天下』と題した一般向けの歴史書を、そしてレシャト・エクレム・コチが小説『キョセム・スルタン』を著している。キョセムを中心としたハレムの女性たちが活躍した時代を、豊かな筆致でとりあげたこれらの作品は、現在にいたるまでよく読み継がれている。とはいえ、一七世紀のオスマン帝国が、スレイマン一世らが活躍した前世紀に比べて華やかさに欠けるためであろう、やはり大衆的な人気を獲得することはなかった。

しかし、最近のトルコ共和国では、専門家向けあるいは一般向けを問わず、キョセムを取りあつかった伝記や小説が多数、著されている。その契機となったのは、二〇一五年から二〇一六年にかけて放送されたテレビドラマ『壮麗なる世紀──キョセム妃』であることに異論はあるまい。スレイマン一世の愛妃ヒュッレムを主人公とした大ヒット作『壮麗なる世紀（オスマン帝国外伝）』の続編である本作は、その名の通りキョセムを主人公とした一代記であり、前作ほどではないが人気を博した。

「オスマン帝国ブーム」に警鐘を鳴らす声も

ドラマのヒットに象徴されるように、近年のトルコ共和国では、「オスマン帝国ブーム」が久しく続いている。しかし、過剰ともいえるブームが、逆に正しい歴史の理解を妨げるとして、警鐘を鳴らす歴史家もいる。

近代オスマン帝国史研究の第一人者アリ・アクユルドゥズ教授は、二〇一七年に上梓した『ハレムの帝王たる母后――ハレムにおける生活と組織』のなかで、近年さかんに生み出されているオスマン帝国史を題材とした一般向けの作品について、十分に学問的な検証をへておらず人々に誤解を広める原因になっている、と指摘する。

オスマン帝国史は一般に保守派の人々に好まれる題材であるが、教授は彼らについて、「歴史や歴史上の人物にたいするわずかな批判すら我慢できず」、オスマン帝国を「頭のなかで創り出した完全無欠の黄金時代、あるいは道徳文学や信仰の分野として描き」、「自身の脳内で創造した空想の歴史の世界で生きている」と、手厳しく批判したのだった。

おそらく同教授の念頭にあるのは、『壮麗なる世紀』のようなエンターテインメント性の強い作品ではなく（同作品は、むしろ保守派に嫌われていた。本書一〇九頁参照）、政治的主張が織り込まれたタイプの歴史創作物であろう。同教授はいわゆるリベラル派というよりは、むしろ伝統派の実証的歴史家であるが、その彼にして苦言を呈さざるを得ない状況が、いまのトルコにはあるようだ。

第六章

レヴニー

——伝統と革新をかねそなえた伝説の絵師

レヴニー画『祝祭の書』(1730年頃作)の一枚。左下の人物がレヴニーだとされる

1　知られざる魅力を持つイスラム世界の絵画

天才絵師の自画像

前章でとりあげたキョセムの死没から、半世紀ほど時計の針を進めたい。

本章の舞台は、一八世紀初頭である。

ときのスルタンは、アフメト三世（位一七〇三〜一七三〇年）。キョセムの曽孫にあたる。一七二〇年、彼の王子四名の割礼の儀式が執り行われ、慶事を祝う豪奢な祝祭が一五日間にわたって開催された。これを言祝《ことほ》いだ、『祝祭の書』という書物がある。当代一流の文人セイイド・ヒュセイン・ヴェフビーが筆をとり、日々の祝宴を活写したこの作品には、文章のみならず多数の挿絵が含まれており、視覚的にもこの大祭のようすをいまに伝えている。

それでは、この祝祭の重要な一幕である、パレードの掉尾《ちょうび》を描いた一枚を見てみよう。画中では、長衣《カフタン》を羽織り、正装したたくさんの貴人たちが、騎乗してパレードに加わっている。行列の先を見据える者も、後ろを向いて同行者と歓談している者もおり、荘厳な行列に参加しつつも高揚を隠し切れない人々の雰囲気が伝わってくる。

そのなかにあって、行列の最後尾、画中の左下の隅に、青い衣をまとった人物がいる。彼の目線は斜め上に向けられ、パレード全体をその視野に収めているかのようだ。この人物が騎乗する馬の下部に、やや掠れた署名が記されているのがわかる――レヴニー、と。

この人物は、『祝祭の書』に挿絵を描いた、絵師レヴニーの自画像だと考えられている。

『祝祭の書』(部分)。レヴニーの自画像とされる人物。馬の下部に彼の署名がある

イスラム世界における美術の長い歴史にあって、自画像を残した前近代の芸術家はきわめて稀であった。西洋美術では、ドイツ・ルネサンスの巨匠アルブレヒト・デューラーのように、強烈な自意識を投影する対象として、単独の自画像を描いた画家がいる。そこまでではないとしても、『祝祭の書』という巨編のなかにみずからの姿を描き込んだこの絵師の自意識は、帝国において細密画という伝統を継承する匠であるという自負にふさわしい

ものだったといえよう。

このレヴニーが、本章の主人公である。

だが彼の画業を語るまえに、日本ではほとんど知られていない、イスラム世界の絵画という魅力あふれる世界について、まず説明しておこう。

イスラム世界における美術の特殊な事情——偶像崇拝を嫌い、文様が発展

イスラム世界の美術を語るには、何はともあれモスクを覗いてみるのがいいだろう。

どこがよいだろうか——そう、帝都イスタンブルの海の玄関ともいえるエミノニュ地区には、エジプシャン・バザールをはじめとした市場が広がっている。そこに名匠ミマール・スィナンが建てた、リュステム・パシャ・モスク（本書九八、一二四頁参照）を訪れることにする。店舗が軒を連ねる一階部分の階段を上ると、小さなモスクが姿を現す。靴を脱いでなかに入ると、そこには、アラブ風《アラベスク》と呼ばれる草木文様が描かれた赤と青のタイルで覆われた別世界が広がっている。これらのタイルは、名産地イズニクで作られており、その鮮やかな赤は、現在の技術でも再現することは難しいという。

こうしたモスクの装飾に代表される、幾何学模様や草木文様こそ、イスラム世界の美術

リュステム・パシャ・モスクの内部

の「花形」である。偶像崇拝を嫌うイスラム教の教えにあって、神の似姿を再現することは禁忌とされた。キリスト教の教会が、イエスや聖母マリア、あるいは聖者たちの聖像《イコン》で飾られているのと対照的に、イスラム教のモスクは、具象を排し、徹底して抽象化された文様で埋めつくされているのだ。

イスラム世界において絵画、とくに人物画が忌避されることは、預言者ムハンマドの言行においてもよく表れている。もっとも信憑性の高い言行を集めたとされるブハーリーの『真正集』には、つぎのような伝承が収録されている。

「ムスリムがマスルークと、ヤサール・ブン・ヌマイルの家に居たとき、マスルークはソファの上にある絵を見て「アブド・アッラーから聞いたところによると、預言者［ムハンマド］は『復活の日、最もひどい罰を受けるのは、絵を描いた者達である』と言ったそうだ」と叫んだ」

「アブド・アッラー・ブン・ウマルによると、神の使徒［ムハンマド］は「これらの絵を描いた者は復活の日に罰せられ、『お前たちの描いたものに命を吹きこんでみよ』と命じられるであろう」と言った」（牧野信也訳。［　］は筆者による）

つまり、預言者ムハンマドは、創造主たる神の御業をまねる画家にたいして冷淡であった、という言い伝えである。

細密画が生まれた背景

とはいえ、イスラム世界に絵画の伝統はまぎれもなく存在した。イスラム教の価値観において肖像画を崇拝対象とすることは厳格に忌避されたが、一方で、肖像画一般については擁護する言説も存在した。

たとえば、『旧約聖書』にも登場する預言者ダニエルは、肖像画の名手とされていた。

また、ウマイヤ朝（六六一〜七五〇年）の時代には、おそらくはローマ帝国の伝統を受け継いだのであろう、宮殿や浴場に人物を含む壁画が描かれている。以降、公共の場において絵画が描かれることは徐々に少なくなってゆくが、イスラム世界の絵画の伝統は、主として書物に描かれる絵という形で発展していった。こうした挿絵は、西洋の写本に描かれる挿絵の呼び名を借りて、「細密画《ミニアチュール》」と呼ばれることが一般的である（ただし、「写本絵画」という呼称がよりふさわしい、とする意見も存在する）。

イスラム世界における細密画は、イラン地域で大きく発展した。とくに、イルハン朝（一二五六〜一三五三年）やティムール朝のもとでは、中国の画風の影響も受け、数々の細密画入り写本が作成された。天才絵師と呼ばれるベフザードが活躍したのは、このティムール朝の時代である。オスマン帝国のライバルであったサファヴィー朝でも、多数の細密画が描かれたのみならず、宮殿では人物を描いた壁画が飾られた。

イランは現在でも、預言者ムハンマドや正統カリフであるアリーのポスターが貼ら

物語『ユースフとズライハ』の挿絵。ティムール朝の絵師ベフザードの手による

れているくらい、肖像画の掲揚について寛容な地域である。この地で肖像画は広く受容され、イスラム世界の細密画文化が受け継がれたのだった。

オスマン帝国における肖像画も、もともとイラン地域の影響を受けて発展した。ただし一五世紀後半から一六世紀後半までは、メフメト二世がイタリアの画家を招聘したこともあり、西洋に影響を受けた写実的な画風を持った細密画が描かれることもあった。メフメト二世時代の絵師で、ヴェネツィアの画家ベッリーニに影響を受けたスィナン（ミマール・スィナンとは別人）やシブリザーデ・アフメトはその代表である。

しかし一六世紀後半より、イスラム世界の伝統にのっとったイランの影響が強い画風が主流となる。とはいえ、オスマン帝国における細密画は、イラン細密画の単なるコピーではない。イランにおける細密画では、その題材の多くは伝説や物語からとられていたのにたいして、オスマン細密画の特徴は、同時代の事件など実在の歴史をモチーフとしたところにあった。

ナッカーシュ・オスマンは、この時期を代表する絵師である。彼は、「王書詠み《シェフナーメジ》」と呼ばれる宮廷詩人がつづった文章に数々の挿絵を描いた。彼の作品としては、一五八二年の王子の割礼祭をあつかった『祝祭の書』や、オスマン帝国史である『技の書』に描いた細密画が挙げられる。とくに、オスマン帝国歴代スルタンたちの肖像画集である『容貌の書』は、西洋の文献を含む数々の書物から情報を集めてスルタンたちの容貌を正確に再現し、後代に伝えることを目的とした作品である。レヴニーを含む後代の画家たちは、『容貌の書』を参考としてスルタンの似姿を描いたのだった。

2 チューリップ時代での活躍

天才絵師の登場

レヴニーとは、彼が絵師として名を成したあとの筆名である。その意味は、「色」。彼が得意とした、明るく色彩豊かな細密画の作者にふさわしかろう。

彼の本名は「アブデュルジェリル」であり、「栄光者の奴隷」を意味する。もともと、「アブド」は「奴隷」、「ジェリル」は「栄光」を意味するアラビア語の単語である。イスラム教では、アッラーは九九の美称を持つとされており、「ジェリル（アラビア語の発音だとジャリール）」もそのひとつであった。つまり、ムスリムによく見られる「アブドゥッラー」や「アブドゥッラフマン」など、「アブド〜」という名のほとんどは、「神の奴隷」という意味なのである。

そのレヴニーは、一六八一年ごろ、オスマン帝国第二の首都エディルネで生まれた。サロニカ（現テッサロニキ）出身とする研究者もいるが、こちらの説はいささか根拠が弱い。オスマン帝国の首都はイスタンブルであったが、一七世紀後半から一八世紀初頭にかけては、多くのスルタンが、大都市の喧騒を離れてエディルネの離宮で過ごした。レヴニーは、少年のころ、このエディルネの宮廷に召し抱えられ、宮廷工房の徒弟となったようだ。

レヴニーがどのような出自であったかは明らかではない。ミマール・スィナンの時代であれば、宮廷に仕える人物はデヴシルメで徴用された元キリスト教徒に限られていた。しかし一七世紀に入ったころからデヴシルメは廃れはじめ、縁故や有力者の推薦などの伝手によって宮廷に出仕することが一般的となった。後述するように、レヴニーはトルコ語でしばしば詩作した。してみるとレヴニーは、トルコ系かつ、悪くない家柄の出身であった可能性が高い。

宮廷工房でレヴニーは、当初、写本を装飾する役目を与えられていたが、徐々に頭角を現してゆく。当時の細密画工房の長は、絵師ヒュセイン・イスタンブリーであった。優れた技術を持つ彼を師匠として、レヴニーは細密画の作成にかかわるようになる。ついにレヴニーは、ムスタファ二世（位一六九五～一七〇三年）の時代、細密画工房の長に任じられたらしい。このころ、彼はまだ二〇歳前後である。この若さでの抜擢《ばってき》は、彼の才能が抜きんでていたことを示していよう。ムスタファ二世治世の末期には、彼の代表作のひとつ『絵入り大系譜書』（後述）の作成に着手している。

　順風満帆であるかに見えたレヴニーの画歴であったが、ムスタファ二世のあとを継いでアフメト三世が即位してまもなく、悲劇が彼を襲った。眼病に侵されたのである。一七〇六年に彼がスルタンに宛てた請願書には、三年間あらゆる治療を試したが芳しくないこと、新作を描けないため旧作を献呈するのを許してほしいこと、妻子の扶養のための援助をたまわりたいことが記されている。細密画は、その名の通り微細な作業を必要とする。画家の目への負担も大きかったであろう。

アフメト3世。チューリップ時代において文芸のパトロンとなり、文化を発展させた。レヴニー画『絵入り大系譜書』より

　レヴニーの請願は受け入れられ、銀貨二〇枚の日給が支払われることにな

った。この時代のほかの絵師たちの日給が、銀貨五枚から一七枚程度だったことを考えると、破格の待遇である。こうした厚遇を受け、レヴニーの眼病は徐々に癒えていったようだ。

レヴニーが、真にその才能を発揮するのは、アフメト三世治世の後半にあたる「チューリップ時代」（一七一八〜一七三〇年）と呼ばれる時期である。つぎに、この時代を簡単に紹介しよう。

華やかなる「チューリップ時代」——近世オスマン帝国の繁栄

一般に、オスマン帝国は一六世紀のスレイマン一世治世が最盛期であり、一七世紀以降は見るべきもののない衰退期だと考えられてきた。たしかに、軍事的に無類の強さを誇ったスレイマン一世の治世は、帝国のもっとも理想的な時代として想起されるにふさわしい。ちょうどイギリスでも、一六世紀のエリザベス一世の治世（位一五五八〜一六〇三年）が「黄金時代」とみなされるのに似ている。

しかし研究者のあいだでは、オスマン帝国の一七世紀は、混乱はあったものの新しい状況に適応するための変化の時代であった、という評価が定着している。武人が活躍する軍事国家から、官僚組織が発展し成熟した文人国家への転換期が、一七世紀であった。このころ、ルネサンスと科学革命をへたヨーロッパは、世界史において類例のない急激な成長を遂げているから、オスマン帝国の発展が相対的にかすんでしまうのも無理はない。しかし、変化の時代であった一七世紀を乗り切り、一八世紀に入って安定を取り戻したオスマン帝国が、近世国家としてこれまでにない繁栄を迎えたのは確かである。

一八世紀におけるオスマン帝国の繁栄を象徴するのが、いわゆる「チューリップ時代」と呼ばれる時代である。オスマン帝国は、一七一八年、オーストリアとパサロヴィッツ条約を締結することで対外的な安定を取り戻した。これに続く平和な時期において、アフメト三世と大宰相ネヴシェヒルリ・イブラヒム・パシャは、国内改革に尽力し、経済的な発展を実現させるのである。

まず特筆すべきは、西洋の文明・文化について、率直にその長所を認め、調査と導入を試みたことである。アフメト三世はまず、パリに大使イルミセキズ・チェレビを派遣し、フランスの文物をつぶさに観察させた。その成果として、イブラヒム・ミュテフェッリカが活版印刷所をイスタンブルに開設する。一五世紀にドイツのグーテンベルクが活版印刷術を実用化させたのはよく知られているが、ムスリムの手によるアラビア文字の活版印刷はこれがはじめてであった。ミュテフェッリカの印刷所は、帝都の人々のあいだで増加する読書需要を満たし、商業的にも成功を収めた。

都市における消費文化の爛熟《らんじゅく》も、この時代を象徴する。アフメト三世は、イスタンブルの金角湾の奥に位置する風光明媚《ふうこうめいび》な土地に、サーダバードと呼ばれる離宮をつくり、そこでの遊戯や散策にいそしんだ。スルタンや貴顕《きけん》のみならず、一般市民もこうした施設を利用することができたという。アフメト三世は、チューリップを愛好し、オランダから高価なチューリップを輸入して愛《め》でたことで知られる。「チューリップ時代」という名前の由来である。チューリップの原産地は中央アジアであり、オスマン帝国でも古くから愛好されていたが、この時代にはオランダで品種改良が進んでいたのであった。

都市文化の発展にともない、文芸も栄えた。ペルシャ語詩に影響を受けた古典的な形式を脱し、率直な心境を吟じてトルコ語詩に新境地を切り開いた詩人ネディムは、その代表格である。

イェニチェリ軍団員であったアーシュク・オメルも、当時活躍した詩人であり、レヴニーとは親しい友人であった。レヴニー自身もトルコ語で数編の詩を残しており、詩人たちのサークルのなかで、親密な交流があったことをうかがわせる。

そのオメルは、レヴニーについて、貴重な人物評を残している――レヴニーは、薔薇《ばら》のような美しい顔つきで、愛する人を冷たくあしらう人物である、と。オメルのレヴニー評は一見、厳しいようだが、ふたりの関係は一筋縄ではいかないものだったようだ。というのも、一方のレヴニーは、このアーシュク・オメルの肖像画を描いていたからである。なにかオメルとレヴニーのあいだで、恋のさや当てでもあったのだろうか、と想像したくなる。

詩作のみならず、歴史叙述も大きく発展した。アラビア語の歴史書がいくつもトルコ語に翻訳され、歴史家ラーシトが修史官《ヴァカニユヴィス》に任命され帝国の公式の歴史を記録するようになったのは、この時代である。

彼ら詩人・文人たちは、宮廷に出入りしてアフメト三世や大宰相ネヴシェヒルリと歓談する一方で、その庇護を受けて新しいオスマン文化の担い手となった。

レヴニーの作品とその特徴

伝存しているレヴニーの作品は、三点ある。

ひとつは、レヴニーの画歴のうちでは初期の作品にあたる『絵入り大系譜書』である。

レヴニー画『人物画帳』の一枚、「若い踊り子」

ムスタファ二世の治世末期、おそらく一七〇〇年過ぎから作成され、完成したのは一七〇三年のアフメト三世の即位以降とされる。

　オスマン帝国には、スルタンたちの系譜をつくる伝統があったが、一六世紀後半より、これにスルタンたちの肖像画を付したものが作成されるようになった。王書詠みが作成にかかわった巨大かつ豪華な作品もあるが、比較的コンパクトな作品も多数残されている。こうした小品の絵入り系譜書は、外国への贈り物として珍重されたほか（筆者は、欧州諸国の古い図書館に所蔵されている系譜書の写本を求め歩いたことがある）、一七世紀以降は帝国の市井の人々によっても購入・愛好された。レヴニーによって作成された『絵入り大系譜書』は、こうした系譜書の伝統を受け継いだものである。

　始祖オスマン一世からアフメト三世まで、歴代スルタンたち二三名の容貌を、立体的な技法を用いつつ鮮やかに描き出した『絵入り大系譜書』は、このあとの時代に描かれたスルタン肖像画の模範となった。

ふたつめは、四二名のさまざまな肖像画が集められたアルバムである。ここでは仮に『人物画帳』と呼ぶことにしよう。一七一〇年から一七二〇年ごろにかけて少しずつ描き溜められていったこの作品は、若人王《ゲンチ》オスマン二世の肖像からはじまり、小姓や鷹匠《たかしょう》などの宮廷に仕える人々や、踊り子や音楽家といった市井の人々のみならず、イラン人やヨーロッパ人など、外国人の肖像画も含んでいる。このうち「若い踊り子」や「眠る若い女」は、しばしば彼の代表作としてとりあげられる名作である。このアルバムに文章は付けられていないが、なんらかのストーリーが存在し、読者は演劇を見るかのようにこの画帳をめくっていたのではないか、と推測する研究者もいる。

そして、彼の画業の集大成ともいえる作品が、本章冒頭で紹介した『祝祭の書』である。一七二〇年に開催された割礼の大祭をとりあげたこの作品のために、イスラム学者にして高名な文人であるヴェフビーが筆をとり、一七二七年ごろに文章を完成させた。画を担当するレヴニーが、その挿絵をいつ完成させたかに定説はない。一説には一七三〇年、あるいは彼が死去する直前の一七三二年であるといわれている。

レヴニー画『祝祭の書』の一枚

ヴェフビーとレヴニーのあいだで、相互の連携はあまりなかったらしい。というのも、文章と絵がかみあっていない箇所が見受けられるし、ヴェフビーは文中で彼自身に何度か言及しているものの、レヴニーについては一切触れていないからである。ふたりの俊才の仲はあまりよくなかったのかもしれない。ともあれレヴニーは、この作品のために一三七枚におよぶ細密画を描いた。

伝統を引き継ぎつつ、新しい技法も取り入れた

さて、以上のレヴニーの絵に共通した特徴は、まず、「色《レヴニー》」という筆名にふさわしい、その色彩である。イスラム世界の伝統的な細密画は、コントラストの強い色使いを特徴とする。絢爛豪華な模様と色彩は、作品によっては、万華鏡のようなめくるめくイメージを鑑賞者に与える。画材として金箔が使われることもあった。こうした煌《きら》びやかな細密画に

たいして、レヴニーの描く絵は、その色使いは鮮やかでありつつも、透明感がある。パステル調の画面は、つぎに指摘する「動きのあるタッチ」を阻害せず、無理のない調和を実現させているのである。

ふたつめの特徴は、登場人物が躍動的かつ、生き生きと描かれていることである。一五八二年の祝祭について当時の名絵師ナッカーシュ・オスマンが描いた『祝祭の書』と、レヴニーが描いた『祝祭の書』を見比べると、その違いは明白である。ナッカーシュ・オスマンの画はやはり佳作といえるものであるが、レヴニーと比較すると、登場人物の動きは硬く、背景も書き割りのように見える。一方、レヴニーの筆は、軽業師の所作やバランス感覚をみごとに描き出している。

ナッカーシュ・オスマン画『祝祭の書』の一枚。レヴニーの画と比較されたい

ほかにも、レヴニーの『人物画帳』には、手に花を持ち香りを嗅ぐなど伝統的なポーズをとったり、動きの大きい大胆なポーズをとったりする人物がいる。いずれの人物たちについても、そのスタイルや重心の置

き方に不自然さや硬さはない。

すなわちレヴニーは、これまでのオスマン帝国における細密画の伝統を受け継ぎつつも、新しい技法を取り入れたのである。ただし、彼が細密画にあらたな境地を切り開きえたのは、彼ひとりの才能に帰するべきではない。先に見た、一八世紀初頭という新しい時代を迎えたオスマン帝国の人々が、彼のような画風を望んだということが、理由としてまず挙げられよう。そしてなにより、この時期にイスタンブルを訪れていたふたりの西洋人の影響があった。

3　西洋人との交流から生まれた新しい技法

西洋人との交流――カンテミールとヴァンムール

レヴニーと親交を結び、彼に影響を与えたであろうふたりの西洋人がいる。ひとりは、ディミトリエ・カンテミール。

当時、オスマン帝国の属国であったモルダヴィアの王子である。一六七三年に生まれた彼は、一六八七年、一四歳のときにイスタンブルに赴いた。実質的な人質として、スルタンの宮廷で一六九一年まで過ごしたあと帰国。その後も一六九三年から一六九七年まで、そして一七〇一年から一七一〇年までイスタンブルに滞在している。カンテミールは音楽に造詣が深く、オスマン音楽の理論化につとめ、自身で作曲もしている文化人であった。イスタンブルの彼のサロンには、詩人や芸術家が足しげく訪れていたという。

こうして、キリスト教徒でありながらオスマン文化に深く親しんでいたカンテミールだが、彼の心は、祖国モルダヴィアの独立にあったようだ。一七一〇年にカンテミールは、オスマン帝国とクリミア・ハン国の支持のもと、故国に戻りモルダヴィア公として即位した。すると彼は、オスマン帝国を裏切り、ロシア支持を鮮明に打ち出したのである。このころロシアは、近代化の祖となり「大帝」と呼ばれたピョートル一世(位一六八二〜一七二五年)のもと、いちじるしい発展を遂げていた。カンテミールは、この名君ピョートル一世がオスマン帝国を打ち払ってくれることを期待したのである。

翌一七一一年、オスマン帝国とロシアはプルートの戦いで激突した。しかし、大敗したのはロシア軍だった。ピョートル一世は、あわや虜囚の憂き目を見る寸前まで追い込まれたのである。賭けに敗れたカンテミールはモルダヴィアを追われロシアに亡命し、一七二三年、モスクワで生涯を終えた。

カンテミールは、『オスマン帝国興亡史』という歴史書を著したことで知られる（一七一七年にロシアで刊行）。そのなかで彼は、「レオン氏」からスルタンの肖像画を贈られ、それはいまでも手元にある、と記している。この「レオン氏」とは、「レヴニー」のことで間違いあるまい。レヴニーは、この教養人たるモルダヴィアの王子と深く親交を結んでいたのであった。カンテミールの強烈な個性と彼がもたらしたヨーロッパの文物は、レヴニーに鮮烈な影響を与えたはずである。


もうひとりは、ジャン・バティスト・ヴァンムール。

一六七一年にフランドルで生まれたこの画家は、フランス大使の随員として一六九九年にオスマン帝国に赴いた。その後、彼はヨーロッパに帰ることなく、一七三七年に死去するまでイスタンブルにとどまりつづけたのである。ヴァンムールは、オランダやフランスの大使に仕える傍ら、イスタンブルの新市街にあるガラタ地区にアトリエを構え、いくつもの作品を描いた。アフメト三世がオランダ大使一行を迎えた情景を描いた連作は、彼の代表作である。その後の西洋美術でひとつの潮流をなす、オリエンタリズム絵画の先駆者

スルタン・アフメト3世への謁見。ヴァンムール画

が、彼であった。ヴァンムールの作品の多くは、彼のパトロンでもあったオランダ大使によって集められ、オランダのアムステルダム国立美術館に収められている。

　ヴァンムールとレヴニーのあいだに、直接の関係があったことを示す史料は、残念ながら確認されていない。しかし、両者の画風については、共通点が指摘されている。オランダ大使一行を描いた連作では、多数の人物が所狭しと描かれているが、これはレヴニーの『祝祭の書』を思わせるものだ。また、ヴァンムールの絵をもとにして、オスマン帝国の人々の姿を描いた版画集――フランスで出版されると、ヨーロッパ中でベストセラーとなった――は、レヴニーの『人物画帳』を彷彿させる。

チューリップ時代の終焉

こうして、新しい時代の風をぞんぶんに受けて画筆をふるったレヴニーは、まさしく、チューリップ時代を体現する絵師だったといえる。しかしそのチューリップ時代は、一七三〇年、イラン遠征の失敗を契機として水兵パトロナ・ハリルが起こした反乱によって幕を閉じた。アフメト三世は退位し、大宰相ネヴシェヒルリは処刑される。レヴニーの友人でもあった詩人ネディムは、暴徒から逃れるべく屋根に上ったが、そこから転落死した。

レヴニーは混乱を生き延びたが、それから間もない一七三二年に亡くなった。およそ五〇年の生涯であった。彼の亡骸は、イスタンブルの聖地エユプにほどちかい、オタクチュラル・モスク（別名アシュチュバシュ・アフメト・アー・モスク）に埋葬された。しかしその墓石は、一九七六年に倒壊してしまったらしい。二〇一九年の夏、筆者もこのモスクを訪れたが、中庭には銘文の判別がつかない墓石が、いくつか残るのみであった。

ノーベル文学賞作家オルハン・パムクとレヴニー

さて最後に、オスマン帝国の細密画を題材とした小説について触れておこう。

二〇〇六年、作家オルハン・パムクがトルコ人ではじめてのノーベル文学賞を受賞した。その彼の代表作のひとつが、一六世紀末のオスマン帝国宮廷に仕える絵師を主人公とした歴史小説、『わたしの名は赤』である。物語は、宮廷工房で働く絵師のひとりが殺されることで幕を開ける。やはり絵師のひとりである主人公カラは、事件の捜査を命じられる。工房の親方絵師（ナッカーシュ・オスマンをモデルとしている）や、カラの師匠、そしてその娘など、多様な登場人物たちが、入れ代わり立ち代わり、多層的に物語を語り進めてゆく。

物語の鍵となるのが、西洋絵画で用いられる遠近法である。パムクの設定では、オスマン帝国の絵師たちにとって、遠近法を駆使した写実的な西洋の絵画は、創造主たる神を畏れぬ不敬な行為であった。しかし一方で写実的な遠近法の技法は、絵師たちを魅了し、創造主の御業をまねるという禁断の領域へと踏み込ませる——そしてこのことが、事件の核心とかかわるのである。

この作品にはミステリとしての要素もあるから、これ以上の内容を語ることは差し控えたい。その魅力的なストーリーと筆致は、読者をあっという間に一六世紀のイスタンブルという異世界に引きずり込むことだろう。

ともあれ、西洋的な技法と伝統的な技法のあいだで苦悩する絵師たち、という図式がこの作品の根幹をなす。

しかし、物語の舞台から一〇〇年ほどたってから登場したレヴニーは、パムクが想像した絵師たちの屈託と煩悶を、かろやかに飛び越えてしまった。レヴニーにとって、伝統的技法は束縛ではなかったし、西洋的技法は反発する対象ではなかった。それらをもとに、新しい表現を生み出す糧であったのだ。

レヴニーが没したのち、一八世紀のオスマン帝国の宮廷絵師は、レファイルそしてカプダール・コスタンティンという、非ムスリムの画家たちがになった。この世紀をもって細密画の伝統は途絶え、一九世紀には、西洋の画法を用いた洋画家たちが活躍するようになるのである。

コラム3
宦官——宮廷を支えた影の実力者

宮廷において重要な役目をになったが、紙幅の都合により本書ではとりあげることのできなかった人々がいる——宦官である。

男性器を切除され、君主の宮廷で奉仕する宦官は、古くより洋の東西に存在した。地中海世界では、イスラム教が現れるまえ、古代オリエントの諸王朝やギリシャ・ローマで宦官が利用されたことが知られており、ムスリム王朝においてもその伝統は引き継がれた。

ただしイスラム教においては、ムスリムが治める地域で宦官をなす手術を行うことは禁じられていた。そのため、白人宦官はスペインのアンダルス地方、黒人宦官はエジプトのナイル川上流のようなイスラム世界の外縁で処置され、ムスリム諸王朝に輸入されたのである。

オスマン帝国では、早くも第二代スルタンであるオルハンの時代から、宦官の存在が確認できる。最初期の宦官は、ビザンツ帝国の宦官が戦争捕虜などの形で流入したのだと考えられているが、時代をへると、白人宦官はチェルケス地方、黒人宦官はエチオピアから供給されるようになった。

宮廷では、デヴシルメによって徴用された小姓たちを統括する白人宦官長のもと、多数の宦官が働いた。スレイマン一世時代には、軍人政治家として活躍し、艦隊を率いてインド洋に遠征したハードゥム・スレイマン・パシャのような宦官も存在したが、徐々にその活動の場は、宮廷に限られるようになった。一六世紀後半、ムラト三世の時代にトプカプ宮殿にハレムが移動すると、ハレムで女性たちを統括する黒人宦官長職が創設され、白人宦官長をしのぐ影響力を持つようになる。黒人宦官長は、イスラム教の聖地メッカとメディナ――預言者ムハンマドの墓所とカーバ神殿は黒人宦官軍団によって守護されたことで知られる――の宗教寄進《ワクフ》を管理する役割もまかされ、権威と財力を集めた。

一七世紀から一八世紀にかけては、有力政治家が合従連衡を繰り返し政治闘争を繰り広げる当時のオスマン宮廷にあって、宦官たちも有力者として、しばしば決定的な役割を果たした。なかでも、一七一七年から一七四六年にかけて黒人宦官長を務めたベシル・アーは有名である。彼は任期の後半において権勢をふるい、この時期の大宰相の任免・罷免は彼の意向に大きく左右された。

一九世紀前半に近代化改革を断行したマフムト二世は、宮廷以外における宦官の利用を原則禁止し、宮廷においてもその役割を大幅に縮小させた。宦官は、帝国末期までスルタンや有力者のハレムでほそぼそと働き、ついには歴史から姿を消したのだった。

第七章

マフムト二世

——帝国をよみがえらせた名君

伝統的な姿で描かれたマフムト2世。ジョン・ヤング画、1815年作

1　危機に陥ったオスマン帝国

オスマン帝国はいかに近代化したのか

二枚の肖像画がある。

一枚は、ターバンに長衣《カフタン》をまとい、東洋風の意匠が凝らされた玉座に座す人物。立体的な構図は西洋画の様式であるが、モチーフそのものは、オスマン君主の肖像画の伝統にのっとっている。

もう一枚は、洋装に身を包み、西洋風の椅子に腰かけた人物である。頭にかぶるのは、重苦しいターバンではなく、軽快なトルコ帽《フェス》だ。これがなければ、彼がヨーロッパの王侯であるといわれても納得するだろう。彼は右手を高くかかげ、その指先は前方を指し示している。

あたかも、オスマン帝国の行く末を導くかのように。

この二枚の肖像画は、いずれも同じ人物――マフムト二世（位一八〇八～一八三九年）を描いたものである。ただし、一枚目は治世前半の、二枚目は治世後半の姿だ。彼は、岐路に差し掛かった帝国を復活させ、近代オスマン帝国の礎を築いたスルタンであった。肖像画に映るまったく異なるふたつの姿は、彼の治世において、政治・軍事・文化など、帝国のあらゆる分野で抜本的な近代化改革が進められたことを、象徴的に反映している。

　彼がいなければ、オスマン帝国は一九世紀に滅亡していたかもしれない。帝国を立て直すという偉業を成し遂げた「大王」マフムト二世の生涯を、本章ではみていこう。

洋装のマフムト2世（作者不詳）。伝統衣装と洋装のマフムト2世像を比較するのは、東洋学者バーナード・ルイス以来の「定番」である

オスマン帝国繁栄の終わり、ロシアに敗退

　前章で述べたように、オスマン帝国は一七世紀の危機を乗り越え、一八世紀に入ると安定し成熟した近世国家として発展した。一七六〇年代までは、対外戦争も少なく、経済的にも文化的にも帝国史上、もっとも栄えた時代であったといえよう。

　ただしその傍ら、長年のライバルであった

ヨーロッパ諸国は、急速に力をつけてきていた。とくに、のちに列強と呼ばれる諸国(英・仏・墺・普・露)の躍進は目覚ましかった。その差は、軍事面に顕著に表れる。一七一一年のプルートの戦いではロシアのピョートル一世に完勝したオスマン帝国であったが、その後は、しばしば劣勢に立たされた。

決定的だったのは、一七六八年にはじまる露土戦争である。女帝エカチェリーナ二世(位一七六二～一七九六年)が君臨する日の出の勢いのロシアに、オスマン帝国はなすべもなく敗退を繰り返した。この戦争は、一七七四年に締結されたキュチュク・カイナルジャ条約において、黒海北岸のクリミア・ハン国――チンギス・ハンの末裔《まつえい》が築き、長年オスマン帝国の弟分として活躍したムスリム国家――がオスマン帝国の手を離れる(のちロシアに併合)という衝撃的な結果で終わった。

エカチェリーナは、イスタンブルを征服してビザンツ帝国を再建する野望すら抱いていたという。

イェニチェリ軍団の反発

こうした危機を背景に、オスマン帝国の改革を志したスルタンが登場した。セリム三世

（位一七八九〜一八〇七年）である。王子時代からその英邁《えいまい》を知られ、フランス国王ルイ一六世（位一七七四〜一七九二年）と文通し国政について学んでいた彼は、即位すると「ニザーム・ジェディード（新秩序）」と呼ばれる改革を推し進めた。

その目玉は、やはり「ニザーム・ジェディード」と命名された新式軍団の創出である。これまでオスマン帝国軍の主力であったイェニチェリ軍団は、一七世紀から都市民と深く結びつき、民衆の代弁者として帝都に欠かせない中間団体となっていた。こうして社会的な重要性を増していたイェニチェリであったが、その一方で、純軍事的にはヨーロッパの軍団にまったく対抗できないほど衰えていた。そのためセリム三世は、ヨーロッパの軍隊に範をとったニザーム・ジェディード軍を組織したのである。帝国における近代的軍隊の先駆けとなったニザーム・ジェディード軍は、フランスの将軍ナポレオンがエジプトからシリアに進軍したさい、撃退するのに功績を挙げた。

改革は順調に進んでいるかに見えたが、もちろん、反感を持つ者たちも存在した。その筆頭は、いうまでもなくイェニチェリ軍団である。みずからの既得権が脅かされていると感じた彼らは、ついに一八〇七年、帝都イスタンブルにて、首謀者の名をとり「カバクチュ・ムスタファの乱」と呼ばれる騒擾《そうじょう》を起こす。守旧派がこれを支持したこと、鎮圧のための初動が遅れたことなどの理由から、セリム三世は暴徒に囚われた。彼は、やむなくニザーム・ジェディード軍の廃止を宣言、ついで玉座を降りる。代わって即位したのは、彼の従弟ムスタファ四世（位一八〇七〜一八〇八年）であった。

本章の主人公であるマフムト二世が、歴史の表舞台に登場するのは、このころである。

深刻な後継者不足に陥る

マフムト二世は、一七八五年七月二〇日、アブデュルハミト一世（位一七七四〜一七八九年）の王子として生まれた。

母は、ナクシディルという。彼女の出自については、マフムト二世の即位後、ヨーロッパでまことしやかな噂が流れた——彼女は、西インド諸島のひとつマルティニク島の出身で、フランス皇帝ナポレオンの妻ジョゼフィーヌの従妹エイメであり、アルジェリアのムスリム海賊にさらわれスルタンのハレムに売られたのだ、と。この根拠のない風説はヨーロッパでは人口に膾炙《かいしゃ》し、彼女をモチーフにした小説も書かれた。ただし実際には、彼女はチェルケス系、あるいはジョージア系の奴隷であったようだ。

じつは、一八世紀後半のオスマン王家は、深刻な後継者不足に陥っていた。セリム三世が生まれるまで、三〇年以上も王子が誕生していなかったし（正確には、セリムには兄がいたが早世している）、そのセリム三世自身も、多くの寵姫をハレムにかかえたにもかかわらず、子をなすことはなかったのである。

ゆえに、セリム三世にとって従弟にあたるムスタファとマフムトの兄弟（ともに、母は異なるがアブデュルハミト一世の息子）は、オスマン王家の貴重な王位継承者候補だった。一般に、スルタンは実子ではない王族男子に厳しく接することが多いが、セリム三世は、年齢の離れたふたりの従弟にたいして優しかったという。セリム三世がみせた厚情には、こうした王家の男子不足という事情がかかわっていたであろう。

ハレムのなかに造られた王子のための居室

一七世紀初頭、オスマン王家の慣習である「兄弟殺し」は廃止され、代わって王族男子はトプカプ宮殿のハレムに閉じ込めるよう定められた。これが、いわゆる鳥籠《カフェス》制度である。鳥籠の王子は、外界との接触を断たれ、子をなすことを禁じられて、即位する日をひたすら待つのであった。

ただし、次のスルタン位を継ぐと見込まれた王子は、一定の教育を受けていたし、スルタンが許せば宮殿の外に出ることもできた。マフムトは、まさしくそうした待遇を享受した王子であった。彼は弓術や乗馬、あるいは格闘に秀で、詩作もたしなんだ。おそらくは、王子時代からの教育の賜物《たまもの》であろう。自由な雰囲気のなかで、セリム三世時代の改革の新風を浴びながら育ったこの王子は、砲兵になみなみならぬ興味を示し、演習の場で砲術の修正を提案したという。しかし、ムスタファ四世が即位したのちは、マフムトはセリム三世とともにハレムに幽閉された。

このとき、セリム三世から改革について学んだと推測する研究者もいるが、確証はない。

2 お飾りのスルタンを拒否した誇り高き王

かろうじて即位したマフムト二世

ムスタファ四世の治世は、長くは続かなかった。

セリム三世を廃するという一点のみで手を組んでいた守旧派は、まとまった政策を打ち出すことができず、政局は混乱していた。そのようななか、セリム三世の改革を支持していた者たちは帝都から落ち延びて、ドナウ川沿岸の都市ルセを本拠地として力をつけていた地方名士《アーヤーン》アレムダル・ムスタファ・パシャのもとに集まっていた。

一八世紀を通じて、オスマン帝国の地方では、中央政府の支配からあるていど自立した地方有力者たちが成長していた。彼らは独自の軍事力を持ち、場合によってはヨーロッパ諸国と独自に関係を結ぶことすらあった。彼らを総称して、アーヤーンという。彼らの台頭は、帝国政府のある種の弱体化を示しているといえようが、見方を変えると、地方の経済的な活力が、これまでにないほど発展していたということも意味している。

一八〇八年、アレムダルは訓練された私兵を率いて、混乱の続くイスタンブルに進軍した。アレムダルはあっという間にイスタンブル入城を果たし、トプカプ宮殿へと闖入《ちんにゅう》する。目的は、宮殿に囚われている廃王セリムを救い、復位させることであった。

これにたいしてムスタファ四世は、アレムダルが到着するまえに、みずから手勢とともにハレムに乗り込み、セリムを捕らえて処刑した。ムスタファのつぎの標的は、異母弟マフムトであった。セリムに引き続きマフムトを殺せば、ムスタファは唯一生き残った王族男子となるから、廃位の危機を免れうるのだ。しかしマフムトは手傷を負いながらも、女奴隷の助けをかりて屋根に逃れ、かろうじて生き延びた。

宮殿を制圧したアレムダルは、ムスタファ四世を捕らえて鳥籠に幽閉し、代わって救出されたマフムトに拝謁した。このとき、しきたりに反して帯剣したままのアレムダルを、マフムトは叱責したという。マフムトにとって彼は、たとえ命の恩人であっても、非礼な成り上がりだったのだろう。マフムトの豪胆な性格がうかがえるエピソードである。

スルタン即位の日取りについては、占星術師が吉日を選ぶのが慣例であったが、そのような余裕はなく、あわただしく即位儀礼が執り行われた。こうして二三歳のマフムトは、マフムト二世として即位した。

しかし、マフムトが政治の実権を握るのは、まだ先である。

マフムト二世が黒幕だった?

大宰相に就任したアレムダルは、帝国各地に割拠するアーヤーンたちに招集をかけ、イスタンブルにおいて「同盟の誓約《セネディ・イッテイファク》」を結ぶ。この協定は、スルタンはアーヤーンたちの財産と安全を保障し、一方のアーヤーンたちはオスマン政府に忠誠を誓うことを取り決めたものであった。もしこの「同盟の誓約」が長く継続していたら、スルタンは象徴的な「お飾り」としてのみ残り、地方有力者たちの合議で運営される、まったく新しい「オスマン合衆国」とでもいえる国家が誕生していたかもしれない。

しかし、権力の絶頂にあったアレムダルは、わずか三か月半後、邸宅をイェニチェリ軍団に急襲され、壮絶な戦死を遂げる。本拠地のルセが、ライバルである近郊のアーヤーンに攻撃されたという知らせを受け、手勢を送り返した直後の惨劇であった。

反徒たちは、そのままトプカプ宮殿にのりこみ、ムスタファ四世を復位させようと試みた。しかしマフムト二世はそれに一手先んじ、ムスタファ四世を処刑させ、唯一の王族男子となることで廃位を逃れることに成功したのであった。このあとムスタファ四世の寵姫たちは、ボスフォラス海峡の「乙女の塔」から海中になげこまれたという。

ところで、この反乱の勃発については、奇妙な噂がある——マフムト二世が反乱の黒幕だった、というものである。アレムダルはマフムトの命の恩人であるし、亡きセリム三世の遺志を継いで改革を続行しようとしていたから、この点でアレムダルとマフムトの利害は一致していた。しかし、マフムトにとって「同盟の誓約」という君主の大権を制限するような盟約は、許容しがたいものだったはずである。さらに、アレムダルがイェニチェリ軍団に襲われたとき、マフムトが彼を積極的に助けようとしなかったのは、事実のようだ。とはいえ、マフムトが実際に陰謀をくわだてたとするのは、考え過ぎかもしれない。

段階的にアーヤーンを排除

スルタンの座にとどまりつづけたとはいえ、マフムト二世に実権はなかった。イェニチェリ軍団をはじめとする守旧派が政権を牛耳るなか、それでもマフムトは、少しずつ、将来を見据えた手を打ってゆく。

手始めは、アーヤーンの排除である。先に述べたように、このころ帝国各地には中央政府に反抗的なアーヤーンたちが割拠していた。彼らの力を削ぐことは、中央の守旧派にとっても必要だとみなされていたから、この点で横槍が入る心配はなかった。マフムトは、官職を餌にアーヤーン同士を戦わせる、あるいはアーヤーンの代替わりを狙って財産を没収するなどの策を用いて、徐々に中央政府の力を地方に浸透させていった。一八二〇年代初頭までには、オスマン政府に反抗的なアーヤーンはほぼ一掃され、中央集権化が達成された。

中央の守旧派にたいしては、より慎重な策が必要であった。改革を断行するためには、政府や軍隊の要職に信頼のおける部下を配する必要があったが、彼らをただちに要職に任命すると反感を招く。ゆえにマフムトは、腹心の部下たちをそこそこの位に任命させ、彼らの昇進を待つという手段を用いた。マフムトは、不自然にならぬよう機を見て彼らの昇進を助け、また昇進に邪魔な人物を、口実をもうけて排除していった。

マフムトには、有能だがまだ世に出ぬ人材を抜擢する才能があった、といわれる。ムスタファ・レシト――マフムト死後の時代に改革を牽引することになる人物――の才能を見出し、彼の昇進を早めさせたのはその一例である。

「ムハンマド常勝軍」と名付けた新しい軍団を組織

機が熟したのは、即位からじつに一八年が経過した、一八二六年である。

この年、マフムト二世は新式軍団の創設を宣言、イェニチェリ軍団から人員を引き抜いて軍団を組織した。マフムトの深謀遠慮《しんぼうえんりょ》が功を奏し、このころイェニチェリ軍団の有力な地位は、マフムトの支持者が占めていたのだった。

この動きにたいし、イェニチェリ軍団の守旧派は暴発し、反乱を起こす。マフムトはこの反乱を予期しており、周到な殲滅作戦によって、わずか一日で反乱は鎮圧される。一四世紀なかばの創設以来、オスマン帝国軍の屋台骨であったイェニチェリ軍団は、こうして廃止された。

マフムトは、あらたに「ムハンマド常勝軍」と名付けられた近代的な軍団を設立し、指

ムハンマド常勝軍のエルトゥールル騎兵連隊。アブデュルハミト2世時代のイタリア人宮廷画家ファウスト・ゾナーロ画、1901年作

揮系統も刷新して統一的な命令のもとに帝国の全軍を再編成した。

守旧派の暴力装置であったイェニチェリ軍団が廃止されると、マフムトの改革をさえぎる勢力は、もはや存在しなかった。マフムトは、矢継ぎ早に国家のあらゆる面での改革を断行する。

まず、中央行政を再編して省庁を創設し、文教面でも軍事学校をはじめとした近代的な学校制度を拡充した。ヨーロッパの主要各国には大使館が設置され（これに先んじてセリム三世が設置していたが、彼の廃位にともない閉鎖されていた）、留学生も派遣された——次章でとりあげる洋画家オスマン・ハムディの父も、そのひとりである。あらたに設立された翻訳局は、ヨーロッパの情報を収集すると同時に、外交に習熟した有為の人材を育てた。

郵便局、検疫所、そして新聞など、さまざまな組織や制度がオスマン帝国に登場したのも、この時代である。

宗教改革も実施し、急速な西洋化を推し進める

マフムト二世の改革は、宗教面にもおよんだ。

とくに、長老府を設立し、オスマン帝国において最高の宗教的権威を持っていたイスラム長老《シェイヒュルイスラム》をその長に据えたことは重要であった。イスラム長老は、かつてスルタン廃位にお墨付きを与えるほどの影響力を持っていたが、これ以降は国家機構の一役職にすぎない立場となったのである。

服装面でも、伝統的なターバンが原則廃止され、代わって機能的なトルコ帽をかぶるように定められた。西洋風のジャケットとズボンを身に着ける軍人や官僚は、帽子以外は、ヨーロッパ各国の人々と変わらぬ姿となった。

西洋の芸術も、マフムトの改革に積極的に利用された。イタリアの音楽家ジュゼッペ・

ドニゼッティが招聘《しょうへい》され「マフムト行進曲」を作曲すると、この曲はマフムト治世における実質的な国歌の位置を得ることになる。また、西洋の画家たちによってマフムトの肖像画がいくつも描かれ、政府のさまざまな施設に飾られた。マフムトの肖像が彫られたメダルもつくられ、功績のあった家臣に下賜されている。

伝統にとらわれることなく、例をみない急速な西洋化を進めたマフムト二世は、のちに「異教徒の帝王《ガーヴル・パーディシャー》」とあだ名され、守旧派による批判の対象ともなった。

ただしマフムトは、イスラム的な価値観を改革の正当化に用いることにも余念がなかった。マフムトは、神秘主義教団であるメヴレヴィー教団（いわゆる旋舞教団）やナクシュバンディー教団とつながりを持ち、彼らのネットワークを改革の実践に生かした。また、マフムトの改革を支持し、改革を正当化する論陣を張ったイスラム学者《ウラマー》もいた。マフムトは、「宗教の革新者《ムジャッディド》」とも呼ばれたのである。

マフムトの近代化改革は、単純に「伝統vs近代」あるいは「守旧派vs改革派」という図式で説明できるものではなく、両者を巧みに融合させつつ進められたものだったといえよう。

ハレムには一七人ともいわれる寵姫

マフムト二世には、もうひとつ重要な任務があった——世継ぎの男子をもうけることである。

セリム三世とムスタファ四世が処刑され、両名には子がいなかったことから、当時、マフムト二世がオスマン王家唯一の男子であった。これは、オスマン帝国の歴史がはじまって以来、一七世紀なかばのスルタンであるイブラヒムの時代にのみ生じた事態であった。すなわち、マフムト二世がもし夭折《ようせつ》すれば、王家が断絶するという危機的な状況にあったのである。

こうした窮地を乗り越えるためであろう、マフムトはハレムに一七人ともいわれる寵姫をかかえた。その結果、男女あわせて三六人もの子をなしたが、多くは幼少時に亡くなっている。一八二三年に王子アブデュルメジト（一世、位一八三九～一八六一年）が生まれ、無事に成長するまで、王家断絶の危機は続いたのである。

アブデュルメジトのほかに、成人し王位継承者となった男子は、アブデュルアズィズ（位一八六一～一八七六年）だけであった。アブデュルメジトの母はベズミハルと呼ばれる女性である。ユダヤ系との説もあるが、実際には、この時期の妃の例にもれず、ジョージア系かチェルケス系であった。アブデュルアズィズの母はペルテヴニヤルという名で、

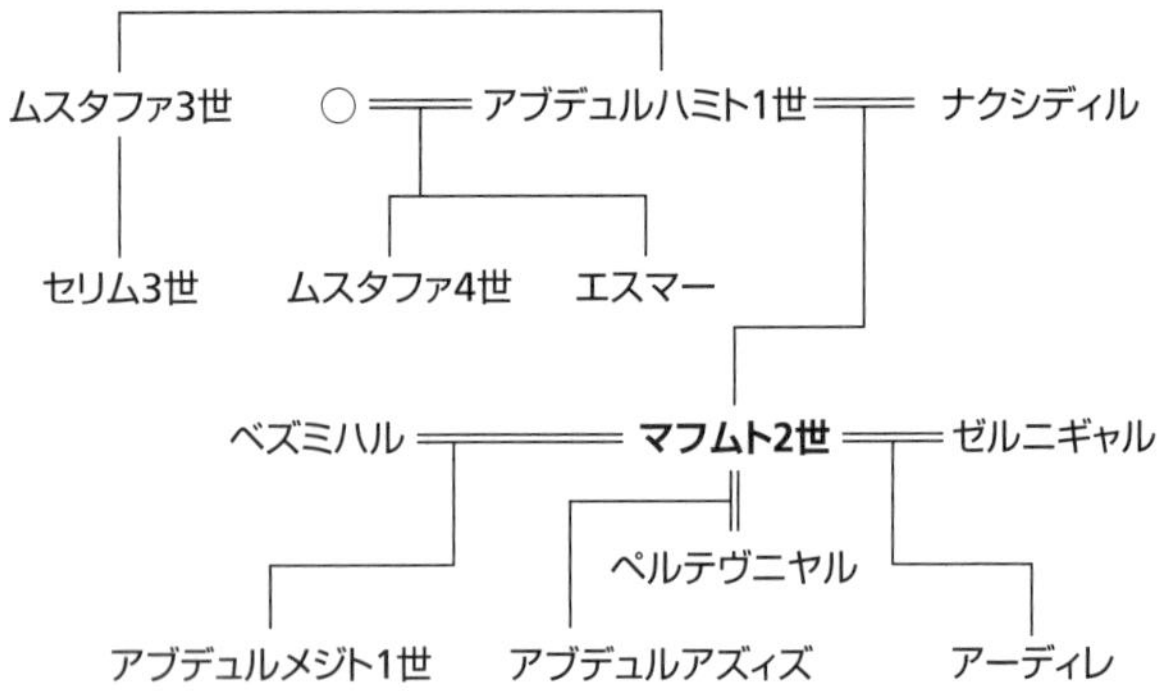

マフムト2世の系図

出身は不明である。両者ともマフムトよりも長く生き、寄進を通じて建築などの事業を行っている。

　マフムトの時代には、オスマン宮廷におけるトプカプ宮殿の位置づけも変わりつつあった。そもそもマフムトは、トプカプ宮殿を好まず、ベシクタシュの自邸か、異母姉エスマーの館に滞在することが多かった。戦時には、イスタンブル郊外のエユプにある兵舎で二年間、過ごしたこともある。

　マフムトの活動範囲は、トプカプ宮殿のみならず、帝都イスタンブルも超えていた。彼は、国の状況を視察するために、はじめて国土の巡幸を行ったスルタンでもあった。五回にわたる巡幸の多くは、帝国のヨーロッパ側の領土で行われている。ドナウ川沿岸のルセやスィリストレを訪れたのは、北方から迫るロシアを意識したものであったろう。実際、この両市には近代的な要塞が築かれ、南下するロシア軍相手に成果を挙げている。

マフムト二世を継いだ息子アブデュルメジトの時代には、トプカプ宮殿に代わって、西洋風のドルマバフチェ宮殿が建てられ、宮廷の機能は完全にそちらに移ることになる。鳥籠制度も彼の時代に廃止され、このころのオスマン王家の王子や王女は、西洋諸国の王侯貴族と同じような暮らしを送るようになった。

3 マフムトを支えた異母姉エスマー

異母姉のエスマーを非公式のアドバイザーに

マフムト二世は、母后ナクシディルと親しく交流していた。彼女は、これまでの母后たちの例にもれず、息子の非公式のアドバイザーを務めていたようだ。ナクシディルが一八一七年に亡くなると、彼女の役割は、異母姉エスマーがになうようになる。

エスマーは、オスマン帝国の王女たちのなかで、もっとも異彩を放つひとりであろう。

彼女は、アブデュルハミト一世の娘であり、ムスタファ四世と母を同じくする。一七七八年生まれというから、ムスタファ四世より一歳、マフムト二世より七歳年長である。一四歳のとき、二〇歳以上年かさのキュチュク・ヒュセイン・パシャと結婚するが、一八〇三年に夫が亡くなったのちは独身を貫いた。

彼女は、政治的な野心を持つ才気ある女性であった。噂話の域を出まいが、実弟ムスタファ四世を即位させるべくカバクチュ・ムスタファの乱を使嗾《しそう》したのは彼女であった、ムスタファ四世を支援するため変装して市中で活動した、さらにはアレムダルがトプカプ宮殿に乗り込んできたさいセリム三世を殺害させたのは彼女の仕業であった、などと伝えられている。ムスタファ四世が廃位されたさい、イェニチェリ軍団のなかには「われらはエスマー・スルタンを玉座に就けるのだ！」と、彼女の即位を叫んだ者たちもいたというから、彼女はオスマン帝国初の女帝になっていたかもしれない。

有能とはいえないムスタファ四世の裏で、彼女が糸を引いていたというのは想像力を刺激する話ではあるが、推測はここまでにしておこう。

このように、エスマーはムスタファ四世の支持者であり、ある意味ではマフムト二世の命を狙っていたといえる。しかしムスタファ四世が処刑されたあと、マフムト二世にとっ

街を歩く女性たち。オスマン・ハムディ画、1887年作

てこの異母姉は、母后ナクシディディルの次に気心の知れた親族となった。

エスマーは、イスタンブルの各地——チェンベルリタシュ、エユプ、オルタキョイそしてチャムルジャー——に邸宅を構えており、マフムトは足しげく彼女のもとを訪れ、会話と宴を楽しんだ（ちなみにマフムトは、メカジキの串焼きが好物だったらしい）。政治的な意見のやりとりも、あったと考えるのが自然であろう。マフムトが「姉上、あなたが男性であったなら、私は何をすればよいというのか！」と嘆息したとも伝わる。

そのエスマーは、高慢ではなく、才能を鼻にかける性格でもなかったようだ。エスマーと親交を結び邸宅にも招待されたイギリスの女性詩人ジュリア・パルドーは、彼女について、物腰柔らかい女性であったと評している。

エスマーは、みずからの奴隷であるゼルニギャルをマフムトのハレムに入れてもいる。ゼルニギャルは寵愛《ちょうあい》され、王女アーディレを産んだ。アーディレもまた個性的な王女で、オスマン王家の王女としては唯一、詩人として名を残した。身の回りの人物や事件について、率直な感想を吐露した彼女の詩集は、当時の王族たちの生活を知る史料としても貴重なものである。

マフムト二世が死去してからもエスマーは長命を保ち、一八四八年に六九歳で亡くなった。マフムト二世のあとを継いだアブデュルメジトは、この闊達《かったつ》な伯母について母に不平をこぼしていたというから、エスマーは甥の治世においても自由にふるまっていたようだ。

苦戦を強いられた対外関係

閑話休題。ふたたびマフムト二世の政治活動に筆を戻そう。

マフムト二世は、帝国の軍事・政治・社会のあらゆる面であらたな発展をもたらし、オスマン帝国の寿命を大きく延ばしたスルタンであった。しかしその名君たるマフムト二世をしても、対外関係においては苦戦を強いられつづけた。

まずオスマン帝国領内において、一八一五年にはセルビア、一八二一年にはギリシャが反乱を起こした。鎮圧は容易かと思われたが、それぞれ列強が支援することで、最終的に前者は自治権を得、後者は独立を果たした。一八三〇年にはアフリカのアルジェにフランスが侵攻し、オスマン帝国の支配から離れることになる。こうして、オスマン帝国の領土は少しずつ削られてゆく。

イギリスの支援を得るため、一八三八年に締結されたバルタリマヌ条約では、極端にイギリス有利の関税協定が結ばれ、オスマン帝国の経済的従属が進んだ。

マフムトを苦しめたエジプトの「最後のファラオ」

マフムト二世のライバルといえる存在であったのが、「最後のファラオ」とも呼ばれた、エジプト総督カヴァラル・メフメト・アリ（ムハンマド・アリー）である。

ギリシャ北部の港町カヴァラの出身で、アルバニア系の軍人であったメフメト・アリは、一八〇一年、ナポレオン撤退後のエジプトに派遣されて手腕を発揮、在地勢力を一掃して権力を握り、エジプト総督の地位を手に入れた。オスマン帝国の中央政府から自立した半独立政権――いわゆる「ムハンマド・アリー朝」――を打ち立てた彼は、マフムト二世に

カヴァラル・メフメト・アリ。オーギュスト・クーデル画、1841年作

先んじてエジプトの近代化改革に着手し、精強な西洋式軍隊を編成する。

メフメト・アリの息子であり有能な軍人であったイブラヒムが、一八三三年、一軍を率いてアナトリア中部まで侵攻すると、オスマン軍はこれにまったく歯が立たなかった。帝都まで進軍されてもおかしくないこの事態に、マフムト二世は宿敵ロシアに援助を求めることで、かろうじて虎口を脱する。

一八三九年、ふたたびエジプト軍とオスマン軍はネズィプ（いまのシリア―トルコ国境付近）で激突するが、今回もオスマン軍は大敗した。

このとき、マフムト二世は病床にあった。

マフムト二世の崩御

ネズィプでの必勝を信じていたであろうマフムトは、結核を患い、チャムルジャにあるエスマーの館で臥せっていた。

マフムト二世は、帝国の改革のため、昼夜をとわず並外れた激務をこなしていた。大げさな表現ではあろうが、三二年におよぶ治世のうち、安逸に過ごすことができたのは三〇時間もなかったという。こうした激務が、彼の心身をむしばんでいたのであろうか。それに加えて、たび重なる飲酒も、体調を崩した要因であったらしい。

外国人医師たちの治療もむなしく病状は悪化し、マフムトは一八三九年六月二八日（日付には異説あり）、ネズィプでの敗報が届くまえに息を引き取った。五三年の生涯であった。

マフムト二世の亡骸は、チェンベルリタシュにある、やはりエスマーの館の庭園に建てられた墓廟に埋葬された。アルメニア系の宮廷建築家カラベト・アミラ・バイランが帝政様式を用いて建てた、小規模だが美しい廟である。この廟には、彼のあとに亡くなったエスマー、そしてアブデュルアズィズやアブデュルハミト二世など、王族たちの遺骸も納められることになった。周辺の墓地には、近代オスマン帝国を支えた政治家や文人たちが多数、眠っている。ある研究者は、この廟を、「タンズィマートのパンテオン」と評した。タンズィマート（再秩序化）とは、マフムト二世のすぐのちの時代に推進された、帝国に

マフムト2世の墓廟

おける近代化改革の総称である。
イスタンブル旧市街のほぼ中心部に位置するこの墓地には、いまは手ごろな価格のカフェが併設されており、地元客や観光客がひとときの癒やしを求める場所となっている。
マフムト二世のあとのスルタン位には、成人したふたりの王子のうち、年長のアブデュルメジト一世が就く。オスマン王家において久方ぶりの、そして最後の、息子による王位継承であった。
アブデュルメジト一世は改革に理解のあるスルタンであったが、父と異なり積極的に政治のイニシアティヴをとることはなかった。彼の治世には、マフムト二世の遺志を受け継いだタンズィマート改革が精力的に進められるが、それを請け負ったのは、マフムトがその才能を見出した政治家ムスタファ・レシト・パシャ、そしてマフムトの時代に創設された翻訳局で経歴を積んだアーリー・パシャにファアト・パシャであった。

マフムト二世の改革により、オスマン帝国は近代国家として再出発した。

しかし、西洋列強の圧力にさらされた帝国が、このあとたどる道のりは、たやすいものではなかった。一九二二年の崩壊にいたる苦闘の時代を、帝国は迎えることになる。

第八章

オスマン・ハムディ

——帝国近代の文化をになった巨人

オスマン・ハムディ画『亀使い』。1906年作

1 「トルコのモナ・リザ」を描いた画家

トルコのモナ・リザと称賛された絵画『亀使い』

イスタンブルの新市街に立つ、トルコの芸術界をリードする美術館のひとつペラ美術館に、オスマン帝国末期に描かれた一幅の絵が飾られている。

縦二メートル、横一メートルを超える大判のキャンバスに描かれる舞台は、帝国の古都ブルサにある「緑のモスク《イェシル・ジャーミー》」の二階。狭い窓から差し込む外光は、ターバンを巻いて髭を生やした修行僧風の男性と、足元をうろつく五匹の亀を照らしている。後ろ手に笛を持つ男性は、かるく腰を曲げ、亀たちを物憂げに見つめているようだ。

この人物は、画家であるオスマン・ハムディ自身の自画像でもある。彼は、しばしば画中の登場人物としてみずからを描いた。

通称『亀使い』と呼ばれるこの絵は、二〇〇四年、ペラ美術館とイスタンブル現代美術館がオークションで競り合ったすえ、五兆トルコリラ（当時のレートでおよそ三億八〇〇〇万円）という金額で前者が落札、大きな話題となった。『亀使い』はいま「トルコのモナ・リザ」と称され、トルコ美術のアイコンとしての地位を確立している。

近代化へのジレンマ

オスマン・ハムディは、オスマン帝国近代の文化史において、誰よりも先に名を挙げられる巨人である。画家としてのみならず、美術学校の校長となりオスマン近代美術の振興につとめ、帝国博物館の館長として帝国各地の発掘にたずさわり遺物の保存に尽力した。

とはいえ、パリで青春時代を過ごし絵を学んだ彼は、帝国の要職で働くよりも、一介の洋画家としての人生を望んでいたかもしれない。

壮年時代のオスマン・ハムディ

ハムディが生きた一九世紀なかばから二〇世紀初頭にかけてのオスマン帝国は、近代化という新風が吹き込む活力に満ちた時代であった。それと同時に、西洋列強の圧力にさらされる苦難の時代でもあった。これから語る彼の人生は、まさしく、こうした二面性を持った時代を体現している。

帝国初のヨーロッパ留学を経験したハムディの父

一八二一年、エーゲ海にうかぶキオス島にて、キリスト教徒臣民の反乱が起き、オスマン政府によって鎮圧された――このときの惨劇を、画家ウジェーヌ・ドラクロワが描いているのはよく知られている。そのさい海軍提督ヒュスレヴ・パシャは、キオス島の身寄りのない子供たちを奴隷として購入した。

奴隷というと聞こえが悪いが、実際には養子のような待遇である。ヒュスレヴは、いわば「あしながおじさん」だったわけだ。

このとき奴隷となった孤児のひとりが、オスマン・ハムディの父、イブラヒム・エドヘムであった。

エドヘムは一八一八年生まれであるから、ヒュスレヴの「養子」になったときはまだ幼児である。ヒュスレヴはエドヘム少年に十分な教育を与え、少年もそれにこたえた。

一八二九年、ときのスルタンであるマフムト二世が、帝国に有為の人材を育成すべくはじめてヨーロッパに留学生を派遣することを決定すると、ヒュスレヴは自慢のエドヘムを留学生として推薦したのである。こうして、エドヘムを含む四人の少年が、パリへと旅立った。

エドヘムは当時まだ一二歳であったが、留学先の学校で優秀な成績を収めた。帰国後は鉱山についての職務にかかわって頭角を現し、のちに出世して内相や外相を務め、最終的には大宰相にまで上り詰めることになる。プロイセンの宰相ビスマルクが、彼について「ヨーロッパの文化を知悉《ちしつ》し、高潔な人柄の、帝国にとって誉れある人物である」と評すほどであった。

ウジェーヌ・ドラクロワ画『キオス島の虐殺』
1824年作

パリ留学を夢見た若きオスマン・ハムディ

エドヘムが、妻ファトマとのあいだに長子オスマン・ハムディをもうけたのは、一八四二年一二月三〇日のことである。ハムディ少年は、まずイスタンブルのベシクタシュ地区にある小学校で学んだあと、一八五六年に法学校に進学した。絵画への憧憬はこのころから抱いていたらしく、彼はい

青年時代のオスマン・ハムディ

つしか、鉛筆を手にスケッチを描くようになっていた。

彼の人生の転機になったのは、一八五八年、父エドヘムのベオグラード赴任である。父とともにベオグラードに赴いた彼は、そこから足を延ばしてウィーンを訪れたさい、美術館に飾られる芸術作品に魅了されてしまった。

帰国後、芸術を学ぼうと決意した彼は、父にパリ留学を懇願した。パリは、一八七〇年代に入ると「よき時代《ベル・エポック》」と呼ばれる文化の爛熟期を迎え、世界中の若き芸術家たちを引き付けることになるが、このときのハムディにとっては、すでにあこがれの都だったのだろう。父が留学を認め、彼がパリを訪れるのは、一八六〇年のことである。

画家としてではなく、官僚候補として留学

ハムディは、留学直前に翻訳局の官僚に任命されている。そしてその身分でもって、パ

リのオスマン帝国学校に派遣される、という形をとった。父は、息子が帝国をになう人材として成長してくれることを願って、このような手続きをとったに違いあるまい。

パリに赴いたハムディは、パリ駐箚《ちゅうさつ》オスマン帝国大使で、教育界の重鎮でもあるアフメト・ヴェフィク・パシャに迎えられた。定員の都合から、当初予定していたオスマン帝国学校ではなく、フランス人による私学校であるバルベ学院で学ぶことになったが、これはむしろ好条件であった。バルベ学院は、くしくも父エドヘムの学び舎でもあり、エドヘムをよく覚えている校長がみずから教鞭をとってハムディを教えたのである。

ただし、周囲の熱意とは裏腹に、ハムディの成績は芳しくなかった。とくにフランス語会話の習得には苦労していたようだ。ハムディは、「ガスコーニュ訛り」のようにフランス語をしゃべった、という。

画家を目指すきっかけ

一八六三年になんとか学校を卒業したハムディは、引き続き法学校に入学した。しかしその傍ら、芸術サークルに出入りするようになり、次第にそちらにのめり込むようになっていく。父にパリ滞在の費用を無心しつつ、彼はつぎのような手紙を送っている。

「愛しい父さん、ぼくが少しくらい絵を描いても、怒らないでください。描かずにはいられないんだ。ぼくは信じられないほど上手くなって、みな驚いているくらいなんです」

このころのハムディは、ギュスターヴ・ブーランジェに師事している。一八二四年生まれのこの画家は、新古典派の流れをくむ画風の担い手であり、さらにアルジェリア旅行を契機に、東洋を題材にとった絵画で高名を博すようになった。一八四九年には王立アカデミーからローマ賞を授与された気鋭の画家である。

ブーランジェは、この風変わりな、イスラム世界からやってきた画家志望の青年に関心を抱いたのであろう。一八六五年の展覧会に、ハムディをモデルにした肖像画を出品しているが、残念ながらこの作品は現存していない。

一八六六年、ハムディは生活に困窮し、借金を返せずに投獄される憂き目にあっている。父エドヘムは、学業をおろそかにする息子に、仕送りをせず「兵糧攻め」にしようとしたのかもしれない。またハムディはこのころ、アガリテという名のフランス人女性と結婚し、一女をもうけている。異国から来た画家の卵と、フランス人女性のロマンスがどのようであったかについては、史料が残っておらず、つまびらかではない。

最初の作品『トルコ人の女性』と父からの圧力

こうしたなかでこの年、ついにハムディは最初の作品『トルコ人の女性』を描き上げ、展覧会に出展した（これも現存していない）。画家ハムディの、第一歩である。

勢いに乗るハムディは、翌年の展覧会では三作品を出展した。そのうち『見張り台のゼイベキ』（一八六七年作）は、奥行きのある空間に、特徴的な衣装をまとうゼイベキ（トルコ西部で活躍する義賊）が静かにしかし緊張感をまとって獲物を待ち受ける姿が描かれている。師ブーランジェの作品から着想を得て描かれたこの絵は、ハムディ留学時代の名作として評価を得ている。

絵が少しずつ売れはじめた一方で、帰国するようにという父からの圧力は強まっていた。父の催促にたいして、ついにハムディは折れ、一八六八年六月、八年間滞在したパリを離れて帰国の途に就いたのである。

2 万博で直面した文明国への道のり

パリ留学から帰国、そしてイラクへ

帰国したハムディは、一年もたたずに、ミドハト・パシャの部下としてバグダード勤務を命じられた。

ミドハト・パシャは、通称「ミドハト憲法」と呼ばれるオスマン帝国憲法の制定（一八七六年）の中心人物である。ミドハトは、このころからすでに有能な政治家として名を知られており、ドナウ州をはじめとした帝国の要地で知事を務め、タンズィマート改革の実践につとめていた。ミドハトとエドヘムは、旧知の仲であった。エドヘムとしてみれば、息子の留学の成果を示す、絶好の機会であったに違いない。

一八六九年にバグダードに赴いたハムディは、ミドハトの右腕として活躍した――とすれば、父エドヘムの面目もたつというものだが、実際には、一年ほどで任地替えの要望書を提出している。パリ暮らしの長かったハムディに、バグダードでの生活は耐えられなかったのだろうか。

最終的に、ハムディはミドハトより一足早く、一八七一年にイスタンブルに帰還している（ミドハトは一八七二年まで知事を務め、土地制度の改革に尽力した）。ハムディのイラク滞在の成果は、行政官としてではなく、イラクのさまざまな風景をスケッチしたことであろう。のちにハムディは、このとき描いたスケッチをもとにした油絵を制作している。

スルタン初の西洋諸国外遊のきっかけになったパリ万博

イスタンブルに戻ったハムディは、外交儀礼をあつかう部局に勤めつつ、画業にいそしんでいた。その傍らで戯曲も著すなど、多彩な才能を示している。

一八七三年、官吏としての実績を示すにいたらず、父をやきもきさせたであろうハムディが、その能力をいかんなく発揮する機会が訪れた。ウィーン万国博覧会の開催である。

一九世紀後半は、まさに万博の時代だった。進歩した科学文明や世界各地の文化の展示をまのあたりにした人々は、この催しに熱狂する。

はじめて万国博覧会が開催されたのは、一八五一年のロンドンである。ガラス張りの巨大な「水晶宮《クリスタル・パレス》」では、欧米を中心とした世界二五か国の展示がならび、五か月強の開催期間で六〇〇万人を超える入場者を数えた。

一八五五年にはパリで、一八六二年にはふたたびロンドンで万博が開かれ、やはり成功を収めている。

オスマン帝国が参加したのは、一八六七年にパリで開催された万国博覧会からである。このときオスマン政府は、フランスとイギリスに次ぐ規模のパビリオンを用意するという意気込みであった。それもそのはず、この万博には、ときのスルタンであったアブデュルアズィズ（位一八六一〜一八七六年）が、王子たちを引き連れて行幸したのである。オスマン帝国のスルタンが西洋諸国を外遊したのは、これがはじめてであった。

ウィーン万博での活躍

そして一八七三年にウィーンで開催された万博において、ハムディの父イブラヒム・エドヘムがオスマン帝国の実行委員長を務め、ハムディは実行委員のひとりとして企画・運営にたずさわったのである。

オスマン帝国には、参加国のなかでもとくに広い、二〇〇〇メートル四方の敷地が割り当てられた。そこでは、モスクやハマム、コーヒーハウスなど、オスマン帝国の特徴的な建築が再現され、トプカプ宮殿前にアフメト三世がつくらせた泉――チューリップ時代の代表的建築物――のレプリカも設置されている。

この万博にのぞんでは、実行委員長エドヘムの肝いりで、二冊の書籍が作成された。ひとつは、『オスマン建築詳解』であり、天才建築家ミマール・スィナンによる建築物を詳細に説明した作品である。オスマン帝国が誇る代表的建築家としてミマール・スィナンが再発見されたのは、この書籍の功績が大きい。

もうひとつは、『オスマン帝国の衣装』と題された、帝国各地のさまざまな民族衣装を解説した書物であり、ハムディが監修にかかわった。民族衣装をまとってポーズをとったハムディの写真も収録されている。オスマン帝国のパビリオンは、参加した三五か国中一二位を獲得し、メダルを授与された。

欧米のオリエンタリズム・ブーム

ちなみにこの万博には、明治政府がはじめて公式参加している。お雇い外国人ワグネルの助言によって、神社や日本庭園が設置された日本パビリオンは大いに評判となり、その後のヨーロッパにおける日本趣味《ジャポニズム》流行の契機となった。

オスマン帝国も日本も、欧米列強という文明国に肩をならべるため、国の威信をかけて万博に挑んだ。しかしもちろん、オスマン帝国にしても日本にしても、科学技術で欧米に比肩しうるような展示を用意することは困難である。

そのため、彼らは欧米が東洋に抱いているエキゾチシズムによりそう形での展示を行う、という戦略をとった。しかして両国のパビリオンは好評であったが、こうした方法でしか評価を得られなかったのは、文明国の仲間入りを目指す彼らにとって、ある種の皮肉であったに違いない。

フランス人・マリーとの再婚

ハムディは、パリ遊学中に結婚したアガリテを、ウィーン万博にともなっていた。このころの夫婦仲は、悪くはなかったようである。しかしいつしかハムディは、やはりフランス人であり、一八六三年生まれのマリー・パルヤールと親しく付き合うようになっていた。時期ははっきりしないが、マリーの年齢を考えると一八七〇年代の末であろうか、ハムディはアガリテと別れてマリーと結婚している。以降、ハムディはマリーと生涯をともにし、娘をふたり、息子をひとりもうけた。

ハムディは、彼女をモデルにいくつかの肖像画を描いた。絵画のなかのマリーは、洋装し、どこからみてもヨーロッパの貴婦人である。しかし、イスタンブルでのマリーの日常生活は、さほど自由なものではなかったようだ。

ハムディと親交のある西洋人の記録によると、マリーは夫の付き添いなしでは外出することもままならず、住居のすぐ裏にある庭にすら、ヴェールをまとわずには行けない、とこぼしていたという。パリで青春を過ごし、帰国後もつねに西洋人と交流し西洋文化を愛していたハムディであったが、家庭生活については、伝統的なありかたを好んでいたらしい。

ハムディの妻マリー(ナイレ)。オスマン・ハムディ画、1880年作

欧州の後れを取っていた女性の社会進出

一九世紀後半のオスマン帝国では、近代化の新風が吹き込んでいたとはいえ、女性の社会進出はまだ途上であった。オスマン帝国において、王族以外で社会的に活躍した最初期の女性のひとりは、小説家ファトマ・アリイエである。

歴史家ジェヴデト・パシャの娘である彼女は、一八六二年生まれと、マリーとほぼ同世代であった。それより一世代若いハリデ・エディプの時代になると、文芸のみならず政治においても、男性に遜色なく活躍する女性が登場するようになる。マリーが「籠の鳥」として過ごさねばならなかったのは、時代が少し早かったということもあるのだろう。

マリーはナイレというトルコ名を用いていたが、改宗はせず、キリスト教徒のままで過ごした。夫ハムディよりも長生きし、一九四三年に亡くなるとイスタンブルのキリスト教徒墓地に埋葬されている。

3 考古学博物館の館長として活躍

アジア最初の立憲国家の誕生

ハムディは、絵を描きつつも、帝国官僚としてさまざまな職務をこなしていた。しかし一八七八年、画業に専念するべく、官職を退くことを決意する。

このころ、オスマン帝国は、大きな転機を迎えていた。

一八七六年、改革派のクーデタによってアブデュルアズィズが廃位され、オスマン帝国憲法がミドハト・パシャの主導によって制定された。日本の明治憲法制定（一八八九年）に先駆けた、アジア最初の立憲国家がここに誕生する。

しかし一八七八年、ロシア軍がイスタンブル近郊にまで侵攻するという亡国の危機のなかで、スルタンのアブデュルハミト二世は憲法を停止し、その後三〇年間続く専制政治を開始したのであった。

激動の時代にあってハムディの父エドヘムは、一八七七年二月に大宰相に就任したが、重責に耐え切れずに一年足らずで辞任している。

「天職」として、帝国博物館の館長に就任

こうしたなかでの、ハムディの「若隠居」である。エドヘムをはじめ、周囲の驚きはいかばかりであったろうか。おそらく翻意を促されたに違いなかろうが、ハムディにとってその後の数年間は、画家として充実した時期となる。イスタンブルの芸術クラブを中心に活動し、いくつもの展覧会に作品を出展した。代表作のひとつ『ふたりの少女楽師』は、このときに描かれている。

とはいえ、当時のオスマン帝国において、もっとも西洋の文化や文明に通じていたであ

オスマン・ハムディ画『ふたりの少女楽師』1880年作

ろうハムディを、政府が無位無官のまま放っておくはずはなかった。ハムディは一八八一年、帝国博物館の館長に就任する。宮仕えを嫌っていた彼であったが、この仕事は天職であったようだ。以降、死去するまで三〇年ちかくにわたって館長を務めることになる。

西洋列強から文明国として認知されるために

オスマン帝国における博物館の先駆は、トプカプ宮殿の敷地内にある、ビザンツ帝国時代に建てられたアヤ・イリニ教会である。すでに教会としては用いられなくなったこの建物には、いつしか古い武具や遺物が保管されるようになっていた。

これを受けて一八六九年、教育大臣の命令によって、この教会が帝国博物館として開館した。西洋列強に文明国として認知されるのを切望するオスマン帝国にとって、万博と同

新しい帝国博物館となった「陶壁のあずまや」

じく、博物館は象徴的な重要性を持っていたのである。

しかし博物館が帝国に定着するにはまだ日が浅く、有力政治家の意向によってすぐに閉館の憂き目にあってしまう。一八七二年になってアフメト・ヴェフィク・パシャが教育大臣に就任すると、彼の働きかけにより、ふたたび博物館は開館した。館長に任命されたのは、オーストリア人アントン・デティアーであった。

アヤ・イリニ教会は、アヤ・ソフィア・モスクほどではないにせよ、それなりに大きな教会ではある。とはいえ、徐々に収集された遺物が増えてくると、手狭になるのはいたしかたない。

そこで、アヤ・イリニ教会には武具のみ残し（こちらのコレクションは、現在の軍事博物館の前身となる）、考古学的な遺物については、やはりトプカプ宮殿の敷地内にメフメト二世が建築した「陶壁のあずまや《チニリ・キョシュク》」に移管することになったのである。

この新しい帝国博物館（現在の考古学博物館の前身）は、一八八一年八月三日に開館し、これを祝う大きな式典が挙行された。しかし、開館とほぼときを同じくして、デティアー館長は病没してしまう。

代わって白羽の矢が立ったのが、オスマン・ハムディであった。ハムディは、実質的な初代館長として、帝国における発掘や遺物の管理に手腕を発揮し、期待にこたえることになる。

埋もれていた古代遺跡の価値

オスマン帝国の国土は、世界でもっとも古い歴史を持つ地域のひとつである。

アナトリアの有名な遺跡を挙げるならば、西部にはホメロスの『イリアス』で有名なトロイとされる遺構があり、中央部にはヒッタイト王国の都市ハットゥシャが残る。南東部では、ネムルト山の神殿を擁するコンマゲネ王国の遺跡が名高い（この三つの遺跡は、いずれも世界遺産に登録されている)。ローマ時代の遺跡は、それこそいたるところに確認できる。

もちろん、オスマン帝国の領土はアナトリアを越えて広がっている。たとえば、チグリス・ユーフラテス文明揺籃の地であるシリア・イラクも、バビロンをはじめ古代遺跡には事欠かない。

しかし、オスマン帝国を含めた歴代ムスリム諸王朝の支配者たちは、イスラム時代以前の遺跡にかんして、基本的に冷淡であった。過去に異教徒がつくった遺跡にたいして、積極的な破壊もしないが、かといって自分たちの国土に属する貴重な遺産とみなして保護することも、なかったのである。

ただし、エジプトのピラミッドは民衆の素朴な崇敬の対象となっていたし、オスマン帝国のメフメト二世がギリシャの遺跡に感嘆したなどのエピソードも伝えられているから、一定の敬意が払われてはいた。

ヨーロッパの考古学者がトロイ遺跡を発見

一九世紀に入ると、ヨーロッパ人の考古学者たちは、オスマン帝国の国土に遍在する古代遺跡に着目するようになった。一八七〇年代、ドイツのアマチュア考古学者であったシュリーマンが前述したトロイ遺跡を発見したことは、象徴的な事件であった（ただし、大村幸弘が指摘するように、この遺跡が本当にトロイなのかについては、なお検討の余地を残す）。一九世紀末には、帝国各地でヨーロッパ人考古学者による発掘活動が過熱してゆく。

問題は、発掘された遺物の所有権であった。帝国博物館館長デティアーは、シュリーマンがトロイで発掘した遺物をギリシャ王国に持ち出したのに抗議するため、アテネに赴いている。しかし結局、この抗議は十分な成果を挙げずに終わった。

外国人による遺物の国外持ち出しを制限する法律が制定されたのは、このころである。それによれば、「発掘された遺物の三分の一は発掘者、三分の一はオスマン帝国政府、三分の一は土地の所有者に帰属する」ことが定められた。だがこの規定は、国外流出を限定的にせよ合法化した、不十分な法律であった。

ハムディはこの法律の改正にかかわり、一八八四年、発掘物の国外持ち出しは原則として禁止された。しかし、現実的に密輸の取り締まりは難しかったし、スルタンが恩恵として西洋人に発掘物を下賜することもあった。トルコにおける盗掘や遺物の密輸は、現在でもたびたびニュースとなるくらい、根深い問題となっている。

画家にとどまらず考古学者としても活躍

ネムルト山の遺跡とハムディ

ハムディは、帝国博物館館長として遺物の収集と保護にあたったのみならず、オスマン帝国初の考古学者として、みずから帝国各地の発掘活動に参加した。

前述したネムルト山や、レバノンにあるフェニキアの都市国家サイダ（シドン）の発掘が、その代表である。とくにサイダでは、勇壮な浮き彫りがほどこされた「アレクサンドロス石棺」が発掘され、これは現在でも、考古学博物館における展示の目玉となっている。

こうした活動を通じて徐々に展示物を増やしていった帝国博物館は、一八九一年、フランス人建築家ヴァロリの手によって、広大かつ歴史ある領土から収集した遺物を収めるにふさわしい建物を得ることになった（最終的な完成は一九〇八年)。「陶壁のあずまや」の正面に建てられたこの建物は現在、考古学博物館の本館として威容を誇っている。

立憲国家から一転、専制政治を敷いたアブデュルハミト二世

ハムディが館長、そして考古学者として活躍した時期は、スルタン・アブデュルハミト二世の治世とほとんどかさなっている。

アブデュルハミト二世は、毀誉褒貶《きよほうへん》の激しいスルタンである。ミドハト・パシャが尽力し、ようやく制定にこぎつけたオスマン帝国憲法を停止させ、三〇年におよぶ専制政治を敷いた。のみならず、ミドハトをはじめとした立憲主義者たちを処刑もしくは追放し、出版を検閲し密告を奨励した。

君主の権威強化と国内統治の手段として、イスラム教を利用したのもよく知られている。日本への軍艦エルトゥールル号の派遣も、道中、東南アジアのムスリム諸国においてパン・イスラム主義を喧伝するための政策の一環であった。

こうしたことから、アブデュルハミト二世の治世は、長いあいだ「暗黒時代」と位置づけられてきた。しかし一方でこの時代に、鉄道・電信・郵便などのインフラが急速に拡大

し、教育制度や官僚制度についてもタンズィマート時代よりはるかに発展したのは事実である。

文化的発展を遂げた暗黒時代、さらに青年トルコ革命の勃発

政治的な思想はたしかに抑圧されていたが、非政治的な性格を持った出版活動は、むしろ隆盛していた。ハムディのかかわっていた博物館や発掘といった活動も、こうしたアブデュルハミト二世時代における文化的発展の恩恵を被っている。

さらにハムディは、次世代の芸術家たちを育成するため、一八八二年に正式に開校したオスマン芸術学校の校長にも就任した。帝国博物館の敷地内に建てられたこの学校は、現在のミマール・スィナン芸術大学の前身となる。

一九〇八年、立憲政の復活を求める若手将校たちによって青年トルコ革命が勃発し、長きにわたったアブデュルハミト二世の専制政治は幕を閉じた。この革命のさなか、ハムディがどのようにふるまったのかについては、つまびらかとしない。

しかし興味深いことに、革命の熱気冷めやらぬ一九〇九年、ハムディは革命の英雄のひとりエンヴェル・パシャの肖像を描いている。ハムディの数ある作品のうち、政治家や軍

人の肖像画は稀であった。ハムディは、立憲政というオスマン帝国の新しい時代に、ひとかたならぬ期待をかけていたのかもしれない。

だが、それから間もない一九一〇年二月二四日、イスタンブルのボスフォラス海峡沿いにある海辺の館で、ハムディは六八歳の生涯を閉じた。アヤ・ソフィア・モスクで盛大な葬儀が執り行われ、遺体はハムディが愛していたエスキヒサルの地(マルマラ海の北東岸)に埋葬された。帝国博物館館長にはハムディの弟ハリル・エドヘムが就任し、帝国滅亡まで、兄の偉業を引き継ぐことになる。

画家ハムディの評価――オリエンタリズム画家だったのか?

最後に、多才なハムディがおそらくもっとも情熱を傾けたであろう画業の評価について、みてみたい。

近代の西洋美術には、オリエンタリズムというジャンルがある。

一九世紀末、フランスの将軍ナポレオンのエジプト遠征とロマン主義の隆盛に端を発し、一九世紀後半における万国博覧会の開催によってより大きな潮流となった。代表的な画家としては、すでに紹介したドラクロワやブーランジェのほか、ジャン゠レオン・ジェロー

ジャン＝レオン・ジェローム画『ブルサの大浴場』1885年作

ムやギュスターヴ・ギヨメらが挙げられるだろう。

西洋の画家たちが描くオリエンタリズム絵画は、登場人物や風景が、エキゾチックな東洋風というだけではない。画中ではしばしば、暴力的あるいは官能的な表現が採用された(そうではない画家たちも、もちろんいたが)。東洋は文明化していない野蛮な世界であり、その魅力はむき出しのバイオレンスとエロチシズムにある、と考えられていたのだ。

こうしたステレオタイプ化された東洋観に基づいて描かれたオリエンタリズム絵画は、西洋の美術愛好者たちを強く魅了したのである。

ブーランジェに師事し、ジェロームと親交

オスマン・ハムディ画『武器商人』1908年作

のあったハムディも、一般的には、こうしたオリエンタリズム画家の系譜に位置づけられる。ただし、ハムディの描く絵には、バイオレンスやエロチシズムを感じさせる要素はほとんどない。帝国の文化と芸術をになう立場にあったハムディにとって、煽情的な表現を用いて鑑賞者に訴える手法は、「禁じ手」であったのだろう。

たとえば、先に紹介した『ふたりの少女楽師』で描かれる女性には、肉感的あるいは官能的な要素はなく、むしろ清涼さを感じさせる。やはり名作とされる通称『武器商人』では、むき出しの刀身がいわば絵の「主役」であるが、剣は暴力の象徴というよりは、文化的な価値を持つ芸術品として描かれているようだ。

すなわち、ハムディの絵画の魅力は、鈍重さを排した軽快かつ鮮やかな色彩と、エキゾチシズムを喚起する風景や小道具の配置の妙に求められるのである。

最高傑作『亀使い』のインスピレーションは日本から

最後に、本章の冒頭で紹介した『亀使い』に戻りたい。

ハムディの最高傑作として名高いこの作品は、一九〇六年、彼の晩年に描かれた。画中の老人は、冒頭で触れた通り、ハムディその人をモデルにしている。韜晦《とうかい》に満ちた表情をしたこの老人と、彼のまわりでうごめく亀たちをめぐっては、トルコの美術界においてさまざまな解釈が提示されてきた。

いわく、亀は頑迷固陋《がんめいころう》な宗教者の暗喩であり、ハムディは彼らに教育が必要であるとして風刺しているのだ。いわく、帝国博物館の運営や発掘事業について、思うようにいかないハムディの苦悩をこの絵は表しているのだ……。

いまや「国民的絵画」といえる『亀使い』をめぐるこうした解釈に批判的なのが、歴史研究者エドヘム・エルデムである。

彼は狭義の美術史家ではないが、ハムディにまつわる文献を広く渉猟し、いくつもの論考を著している。エルデムは、ハムディは絵画にメッセージを込めるタイプの画家ではなく、そのため絵から作者の意図を過度に読み取ろうとすることは不毛だと主張する。

『亀使い』のインスピレーションのもととなったとされる、フランスの雑誌に掲載された挿絵

エルデムによれば、亀と老人というモチーフも、深遠な意味があってのものではないらしい。そもそもオスマン帝国において亀使いという職業は存在せず、頭を悩ませたある研究者は、チューリップ時代の夜宴において、亀を燭台代わりにして庭園を歩きまわらせたという故事に、『亀使い』のモデルを求めている。

しかしエルデムは、一八六九年にフランスで刊行された雑誌に、亀を太鼓で操る老人のイラスト（日本の絵に着想を得て描かれたという）が掲載されていることを突き止めた。のみならず、ハムディがこの雑誌を目にしていたことも、ハムディの手紙から確認している。ハムディが『亀使い』のインスピレーションを得たのは、オスマン帝国の故事ではなく、フランス雑誌のイラストからであるというのは、ほぼ確かであろう。

エルデムの研究は、トルコで過熱気味である「ハムディ熱」に冷や水を浴びせるものといえる。もちろん、ハムディの絵画の魅力がそれで損なわれたわけではない。むしろ、ハムディの業績を健全に位置づけるために、エルデムが果たした役割は大きい。適切な根拠に基づいた評価こそが、現在においても意義ある芸術家として、ハムディをよみがえらせることができるのである。

コラム4

犬と猫――かけがえのない隣人たち

オスマン帝国を生きたのは、人間だけではない。いまのトルコを訪れて、誰もが強い印象を受けるのが、犬や猫がわが物顔で街を闊歩《かっぽ》していることである。これは、オスマン帝国時代から同様であった。

そもそもイスラム教において、犬と猫はどのように取りあつかわれているのだろうか？　まず猫についていえば、預言者ムハンマドが猫を愛でていたという、数多くの伝承がある。ある伝承にいわく、ムハンマドは、彼が着る服の袖の上で猫が寝ていたため、起こすのを嫌い、袖を切って立ち上がったという。一方で、犬については、非常に厳しい伝承が多い。犬を不浄の動物とみなし、野犬の徹底的な殺害を命じているのだ。

ただし、オスマン帝国やいまのトルコについていえば、犬を特別に蔑視する雰囲気はない。その理由はよくわからないが、トルコ系遊牧民は牧羊に犬を用いていたから、そうした心性が影響を与えているのかもしれない。野良犬や野良猫に餌を与える行為は善行とみなされ、イスタンブルの街角では、犬猫のためにレバー売り《ジェルジ》から肉を買う姿がみられた。また、一六世紀の詩人メアーリーは、飼い猫が亡くなった悲しみを切々と訴えた哀歌を残しており、彼らが友としても愛された存在だったことがわかる。

　こうした犬猫との関係は、近代になると大きな転機を迎える。近代国家にとって、野良犬や野良犬がうろつく環境は、「文明国」にふさわしくないものとみなされたのだ。公衆衛生の観点からも、彼らは排除されるべきとされた。そうした認識が強まった二〇世紀初頭、イスタンブルの野良犬三万頭が捕らえられ、マルマラ海の無人島に移送されるという悲劇が起こる。食料もない小島で過ごした犬たちは、最後には死に絶えてしまったのだった。もちろん、こうした政策に反対した市民たちもいた。「犬を殺すくらいなら、牢屋に行くほうがいい」——彼らはそううそぶいて檻を襲撃し、捕らえられた犬たちを解放したのである。

イスタンブルの市場で、猫に羊のレバーを供する一幕

さて、トルコの街角に住む犬猫たちは、人々に愛されているとはいえ、室内で飼育されるよりも過酷な環境にあるのは間違いない。病気や交通事故の危険にさらされているから、平均寿命は長くないだろう。つまり彼らは、人間によって管理・支配され庇護されるペットとしてではなく、当然そこで生きる権利を（リスクも込みで）持つ隣人として、人間と共生しているのだ。もちろん、どちらがよりふさわしい姿なのか、いちがいに評価することは難しい。ここでは、トルコが培ってきた歴史的・文化的な遺産が、トルコにおける人間と犬猫の関係を生み出しているということのみ、指摘しておきたい。

第九章 ハリデ・エディプ——不撓不屈の「トルコのジャンヌ・ダルク」

ハリデ・エディプの肖像。アルフォンス・マリア・ミュシャ画、1928年作

1　ミュシャが描いたトルコ人女性革命家

「トルコのジャンヌ・ダルク」の肖像

チェコ人の画家アルフォンス・マリア・ミュシャ（ムハ）は、一九世紀末から二〇世紀初頭にかけて活躍した、アール・ヌーヴォーの代表的画家のひとりである。「よき時代《ベル・エポック》」華やかなりしパリでサラ・ベルナールなど高名な舞台女優のポスターをデザインして名声をえた彼は、画歴の後半においては大部の連作『スラヴ叙事詩』を描き、民族主義の画家としても名を成した。日本でも人気が高く、たびたび展覧会が開催されている。

ミュシャは一九一四年、『スラヴ叙事詩』の一枚として、スレイマン一世によるハンガリーの要衝シゲトヴァル攻略（一五六六年）の場面を描いた。この戦いにおいて最終的に城塞は陥落するが、その直前にスレイマン一世は病没している。ミュシャはこの絵で、帝国に抵抗したスラヴ民族の英雄的行為――城塞の司令官はスラヴ系だった――を描いたのだった。

それから十数年をへた一九二八年、すでに老境に入っていたミュシャは、チェコ西部のズビロの町で出会った、あるトルコ人女性の肖像を描いた。ハリデ・エディプという名のその女性は、一見、喪服と見紛うような黒いヴェールと衣服を身にまとっている。眼光は鋭く、引き締まった鼻梁《びりょう》と固く結ばれた唇は、彼女の持つ強靭な意志を示しているように見える。実際の彼女の身長は一五〇センチメートル足らずだったというが、この絵の女性が示している存在感は、小柄さを感じさせない。

少女のころに文筆家としてデビューしたハリデは、第一次世界大戦で敗北し占領下にあった帝都イスタンブルにおいて果敢に抵抗活動に従事した。抵抗が困難になると見るやイスタンブルを脱出し、ムスタファ・ケマル（・アタテュルク）が指揮するアナトリアの国民軍に身を投じ、軍人の身分を得て前線において戦った。トルコ共和国が成立したのちは、ムスタファ・ケマルとたもとを分かち、欧米に亡命して精力的に文筆活動にたずさわる。

このように劇的な生涯を送った彼女は、王族以外では、オスマン帝国でもっとも高名な女性だといえるだろう。

ミュシャは、『スラヴ叙事詩』においてトルコ人を敵役として描いた。しかし、ハリデの肖像画から、ミュシャがトルコ人にたいして持っていたかもしれない敵意や偏見は、まったく感じられない。スラヴ民族の抵抗の歴史を描いたミュシャは、「トルコのジャンヌ・

ダルク」と呼ばれ独立運動に身をささげた彼女に、なんらかのシンパシーを抱いていたのかもしれない。

少女時代

ハリデの父は、メフメト・エディプという。彼はもともと、サロニカ出身のユダヤ教徒であった。現在はテッサロニキという名前のこの町は、当時は人口の約半分をユダヤ教徒が占めていた。彼は長じてのちイスラム教に改宗し、地方で会計関係の官僚を歴任したすえに、アブデュルハミト二世の住まうユルドゥズ宮殿の会計係という、まずまずの職を得ることができた。

ハリデが生まれたのは、一八八四年である。息子を望んでいた父は、ハリドという男性名を誕生前に用意していた。ハリド（アラビア語の発音ではハーリド）は、正統カリフ時代（六三二〜六六一年）に活躍し、「神の剣」の異名をとった将軍の名である。待望の子が女児だったと知った父は落胆し、この勇ましいハリドという名を女性形（ハリデ）に変えて、娘の名としたのであった。

母ベドリフェムはハリデを産んでまもなく亡くなり、ハリデは祖母の家で育った。異父姉マフムレとともにこの家で過ごした少女時代は、ハリデにとって幸せな思い出に満ちたときであったようだ。彼女はのちに著した自伝の題名に、『藤棚の家』という、この住まいの愛称を付けている。幼いころから物語を好んでいたというから、このとき、のちに小説家となる素養がつくられたのであろう。とくにお気に入りだったのは、バッタル・ガーズィー（伝説上のトルコの英雄）や正統カリフのアリー（預言者ムハンマドの女婿）の逸話で、彼らは、ハリデ少女のヒーローだった。

少女時代のハリデ。9歳ごろの写真

父は、娘に近代的な教育をほどこすことを望んだ。父が選んだのは、イスタンブルのアジア側、ウスキュダル地区にある女子アメリカン・スクールである。さまざまな、じつに一三もの民族の生徒たちが通っていたが、その多くはキリスト教徒のアルメニア人やギリシャ人であり、彼女のようなムスリムはほとんどいなかった。ここでハリデは、英語を学び西洋の思想に触れたほか、友人たちとの交流のなかで簡単なアルメニア語やギリシャ語の会話を身につけている。

ハリデにとって、この学校生活で得るものは大きかった。しかし、イスラム主義をかかげるアブデュルハミト二世の時代にあって、宮廷で職を得る父が、娘をアメリカン・スクールに通わせるというのは、外聞の悪いものであった。父はやむなくハリデに通学を諦めさせ、代わって家庭教師を雇ったのである。

家庭教師との最初の結婚

父メフメトが娘のために選んだ家庭教師たちは、いずれも優れた学才を持っていた。誕生時は息子ではなく娘であったことに落胆したメフメトであるが、このころには、利発な娘に期待を抱くようになっていたらしい。

家庭教師としてハリデに数学を教えたのが、サーリフ・ゼキである。俊才の誉れ高い彼は、フランスで学び、オスマン帝国末期の科学史をリードした人物であった。とくに、数学と天文学の分野での業績が名高い。「トルコにおける科学史の父」とも称される彼が、二〇歳年下のハリデを見初めて結婚を申し込むと、父もそれを承諾した。一九〇一年、ハリデが一七歳のときである。

ハリデは、サーリフ・ゼキとのあいだに、ふたりの息子をもうけた。次男ハサンのミドル・ネームには、「トーゴー」と名付けている。これは、一九〇五年の日本海海戦において、連合艦隊司令長官の東郷平八郎がロシアのバルチック艦隊を破ったことにちなむ。一八世紀後半以来、つねにロシアの南進に悩まされていたオスマン帝国の人々にとって、東洋の新興国家である日本がロシアを破ったことは、大きな希望として受け止められたのである。ただし、「トーゴー」はあくまでミドル・ネームであり、実際にはあまり用いられなかったようだ。

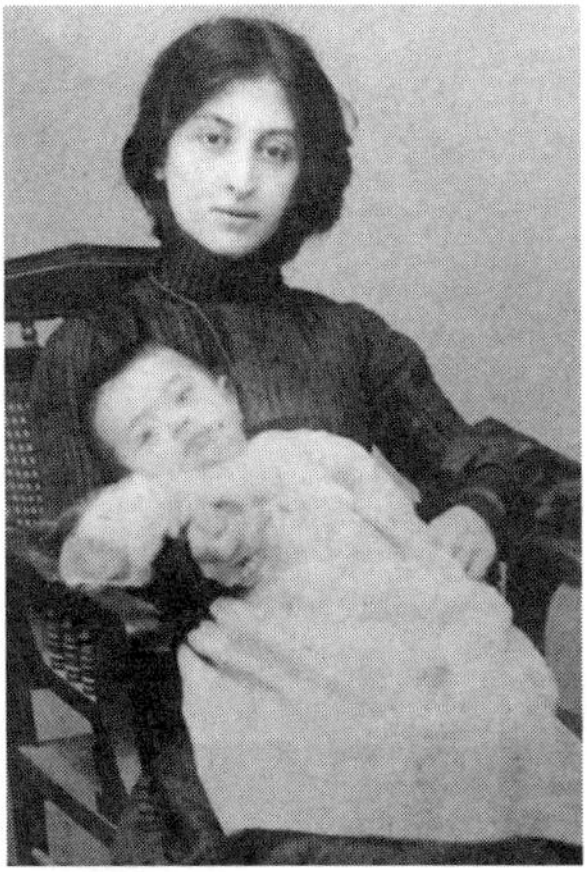
息子を抱くハリデ

サーリフ・ゼキは、はるか年下のハリデを、パートナーというよりも被保護者のような存在とみなしていたらしい。彼は彼女にたいし、社会で活躍するよりも家庭にとどまることを望んだ。さらには、ほかに愛人がいることを、隠そうともしなかったという。仕事においては開明的だが、家庭では保守的にふるまうのは、前章でとりあげたオスマン・ハムディと共通している。

もともと活発で社交的なハリデにとって、年上の夫の束縛は徐々に重荷になっていき、一時期は神経衰弱に陥ってしまう。結局、ふたりは一九一一年に離婚する。サーリフ・ゼキはその後も大学教師を務める傍ら、科学史について精力的に著作をものしたが、一九二一年、精神を病んだすえに亡くなった。

2 フェミニスト、ナショナリスト、小説家として生きる

第二次立憲政時代における活躍——フェミニストとして

青年トルコ革命（一九〇八年）によって憲法と議会が復活すると、第二次立憲政と呼ばれる時代がはじまった。この時代、ハリデは文筆活動と社会活動に、これまで以上に意欲的に参加するようになる。まず、革命直後の混乱を避けてエジプトそしてイギリスへと赴いたハリデは、帰国後にダーリュル・フュヌーン（のちのイスタンブル大学）で西洋文学を教えた。

女性の教育と社会参加を支援する目的で、「女性の権利向上委員会」を組織したのもこのころである。自由の雰囲気あふれる第二次立憲政時代ではあったが、社会で積極的に活動する女性は、まだ珍しかった。オスマン帝国において、王族以外の女性が社会で活躍するのは、ハリデより一世代ほど年長にあたる、小説家ファトマ・アリイエを端緒とする（本書二四一頁参照）。ハリデと同世代の女性活動家としては、デンメ（一七世紀、表面上イスラム教に改宗したが、ユダヤ教の信仰と慣習を保ちつづけた集団）出身でジャーナリストとして活躍したサビハ・セルテル、女性の権利拡大に尽力したネズィヘ・ムヒッティンの名が挙げられよう。

ハリデは、女性の社会進出や家庭における女性の待遇改善について、精力的に活動する。ただし、同時代のイギリスにおけるサフラジェットのような活動については批判的であった。サフラジェットとは、二〇世紀初頭、女性参政権を要求し過激な活動も辞さなかった女性活動家たちのことである（彼女たちを題材として、二〇一五年に映画『サフラジェット』（邦題は『未来を花束にして』）が公開されている）。これをもって、ハリデが女性参政権には否定的であった、とする研究者もいる。しかし、彼女は女性参政権に無関心というわけではなかった。たとえば、ハリデが一九一二年に発表したユートピア小説である

『新しいトゥラン』では、女性が参政権を持つ理想社会が描かれているし、同時代のあるイギリス人は、彼女を女性参政権の擁護者であると述べているからである。ちなみに、トルコにおいて男女平等の参政権が認められたのは一九三四年であり、欧米諸国と比しても遅くはない（イギリスは一九二八年、日本は一九四五年）。

面白いことに、一九一九年に行われた議会選挙では、女性に被選挙権がなく、もちろん立候補していなかったにもかかわらず、当時有名になっていたハリデはいくつかの地域で得票していた。女性が議員となることについて、それを気にしない有権者もいたということだ。

第二次立憲政時代における活躍——ナショナリストとして

ハリデはこの時期、トルコ民族主義者のグループである「トルコ人の炉辺」に加わってもいる。ここで彼女は、ズィヤ・ギョカルプらトルコ主義のイデオローグたちと交わり、多くを学んだ。後述するように、イスタンブルが占領されて以降は愛国者として果敢な活動を続けてもいる。

とはいえ、彼女は偏狭なナショナリストではなかった。有名なアルメニア人音楽家のコミタスと親交を結び、彼が「トルコ人の炉辺」のメンバーに加わるよう尽力しているし、第一次世界大戦のさいにアルメニア人を襲った惨劇についても、それを悼む文章を発表している。彼女はたしかにナショナリストであったが、それは他の民族や宗教を排除するものではなかったのである。その意味で、彼女は「オスマン主義」（タンズィマート改革以降推進された、民族・宗教にかかわらずすべての臣民は平等であるとする思想）の申し子であったといえるかもしれない。

また彼女は、海相ジェマル・パシャ（青年トルコ革命を主導した統一進歩委員会の指導者のひとり）の要請で、シリアに赴いて教育や孤児の保護に尽力している。こうして精力的に活動する彼女を、「トルコ人の母」と呼ぶ者もいた。

二度目の結婚

彼女とともに活動する男性たちにとって、ハリデは魅力的に映っていたのは間違いない。トルコ民族主義運動のリーダー的存在であるユースフ・アクチュラも、そのひとりである。ロシア帝国のカザン出身のタタール人で、ロシア当局の弾圧を逃れてオスマン帝国に亡命した彼は、汎トルコ主義のマニフェストとされる『三つの政治路線』（一九〇四年）を著

ハリデの再婚相手、アブデュルハク・アドナンとハリデ。ヨーロッパ亡命中に撮られた写真

し、トルコ民族の連帯を唱えた人物である。この論説において、彼はオスマン帝国のトルコ人と、中央アジアのトルコ人とが手を取り合って、ロシアをはじめとする列強に対抗するよう呼びかけたのであった。青年トルコ革命後は、前述の「トルコ人の炉辺」を組織し、機関誌『トルコ人の祖国』を中心に論陣を張る。アクチュラとハリデは、「トルコ人の炉辺」の活動を通じて親密になっていった。アクチュラは友人に、自分はハリデに惹かれているし、彼女もまた自分に好意を持っていること、しかし元ユダヤ教徒を父に持つ彼女とは結婚できないことを、率直に吐露している。

結局、ハリデの再婚相手となったのは、アブデュルハク・アドナンである。一六世紀にさかのぼるイスラム学者《ウラマー》の名家出身である彼は、医学校を卒業したのち、アブデュルハミト二世の専制政治を嫌ってドイツに留学していた。青年トルコ革命ののちに帰国してからは、軍医として勤務している。ハリデより二歳年長のこの実直な医師は、ハリデが病を得たときに診察したことなどを契機に、ハリデを愛するようになった。サーリフ・ゼキと異なり、女性を束縛することのないアドナンを、彼女も好ましく思ったに違いない。ふたりは一九一七年に結婚し、以降、生涯をともにすることになる。

小説家ハリデ

ここで、小説家としてのハリデについて、触れておこう。

ハリデは早熟な少女だった。アメリカン・スクールに通っていたため英語を得意とし、一八九七年、つまり一三歳のとき、英語の小説であるジョン・アボット著『家庭の母』(一八三三年)をトルコ語訳して表彰されている。一八九九年には、はじめての小説『ジプシーの娘』を新聞で連載した。とはいえ、小説家として本格的に作品を発表するようになるのは、サーリフ・ゼキと離婚してのちのことである。

ハリデの小説は、大きく三つのタイプに分けられる。

ひとつは、女性をとりまく環境や女性教育の問題に焦点を当てた作品であり、『ハンダン』『新しいトゥラン』がその代表である。ふたつには、彼女自身が参加した独立戦争に題材をとった作品である。実体験に基づいた描写は、ある種のドキュメンタリーとしての価値を持とう。代表作としては、『炎のシャツ』が挙げられる。この作品は、トルコ共和国成立と同年の一九二三年に映画化され、はじめてトルコ人女性が出演したことでも知られる（それまでは、女優は非ムスリムが務めるものとされていた）。そして、トルコの家族や社会の光と影を浮き彫りにした作品群が、三つめのグループである。アブデュルハミト二世時代、イスタンブルの下町に生きる家族を描いた『蠅のたかる雑貨屋』は、トルコでもっとも読まれた小説のひとつだ。この作品も一九六七年に映画となり、その後も映像化されている。

3　レジスタンスの旗手

占領下のイスタンブルにおける抵抗——伝説となるハリデ

一九一四年六月二八日、ボスニア・ヘルツェゴヴィナの首都サラエヴォで、オーストリアの皇位継承者が暗殺された。オーストリアがセルビアに宣戦を布告すると、戦線はまたたくまに広がり、独・墺の同盟国と、英・仏・露の連合国が争う第一次世界大戦が勃発することになる（本書二九八頁参照）。ドイツ側に立って参戦したオスマン帝国は、コーカサス、イラク、エジプトそしてダーダネルス海峡で連合国と戦い、連合国の予想をうわまわる善戦ぶりを見せた。しかし同盟国の不利はくつがえせず、一九一八年一〇月三〇日、刀折れ矢尽きたオスマン帝国は休戦協定を結ぶことになる。帝都イスタンブルは、イギリスを中心とする進駐軍に占領されることになった。一四五三年にイスタンブルがオスマン帝国の首都になって以来、外国の占領を許したのは、これがはじめてのことである。しかしオスマン帝国政府とスルタンは、連合国に唯々諾々として従うのみであった。

　こうした弱腰の帝国政府とは異なり、アナトリアの各地では、散発的ながらもレジスタンス活動が起きていた。さらに一九一九年五月一五日、イギリスの後押しを受けたギリシャ王国軍がイズミルに上陸したことは、オスマン帝国の世論を沸騰させた。ギリシャ王国は、ビザンツ帝国の復興を夢見る「偉大なる理念《メガリ・イデア》」をかかげ、オスマン帝国分割の先兵となったのである。

　こうした状況下で、イスタンブルのファーティフ地区、カドゥキョイ地区で抗議集会が組織され、ハリデもその都度、登壇者として参加した。そのなかでも最大のものが、五月二三日に開かれたスルタン・アフメト地区での抗議集会である。いまはイスタンブル最大

抗議集会でのハリデ

の観光地区となっているスルタン・アフメト地区で開かれたこの集会には、二〇万人もの群衆が集まったという。この数字はやや過剰のようにも思えるが、類例をみない規模だったのは間違いない。ハリデはそこで、占領軍への抵抗のみならず、各国の民衆たちの国際的な連帯によって危機の時代を乗り越えるよう呼びかけた。群衆は熱狂し、このときの演説は、ハリデの名を伝説的なものとしたのである。

ハリデの活動は、集会を組織しただけではなかった。あるとき彼女たちは、抗議のビラ――そこには「死」と書かれていた――をイスタンブルの各地に一斉に貼りつけた。警戒の厳しい大宰相府の壁にすら、このビラが貼られるという徹底ぶりであった。

また彼女は、占領軍の管理下にある武器庫から、武器弾薬をアナトリアのレジスタンスに密輸する任務にもかかわっていた。最終的に、マシンガン三二〇丁、ライフル一五〇〇丁、大砲が一門、弾薬二〇〇〇箱、軍服一万着をアナトリアに送り出すことに成功したという。

こうしたなか、占領軍当局の監視と圧力は、徐々に強まってきた。ハリデの自宅には密偵がはりつき、ハリデが逮捕されるという噂が流れた。これ以上イスタンブルにとどまって活動するのは危険だと悟ったハリデは、夫アドナンとともにイスタンブルを脱出し、アナトリアでのレジスタンスに合流する決意を固めたのである。

独立戦争——ハリデ曹長の戦い

一九二〇年三月、アナトリアに脱出したハリデは、アンカラでレジスタンス——いまや国民軍と呼ばれる軍団に合流した。国民軍の指導者は、第一次世界大戦の英雄ムスタファ・ケマルである。彼のもとに、占領軍やギリシャ王国軍に対抗し、祖国の分割を防ぐため、将軍たちや愛国者たちが参集していたのだった。

国民軍において、ハリデはまず伍長、のちに曹長に任じられている。もちろん、ただの「お飾り」としての任命ではない。彼女の任務のひとつは、赤新月社（トルコでの赤十字の呼び名）での医療活動であった。さらにハリデの「本領」は、もうひとつの任務でより効果的に発揮された。すなわち、インテリジェンス活動である。アナトリア通信社（現在、

ムスタファ・ケマル（左）とハリデ

トルコで最大の公式通信社）創設にたずさわり、堪能な英語を生かして、諸外国のマスメディアとかかわって宣伝と諜報につとめたのであった。

国民軍の活動にたいしてオスマン帝国政府は、ムスタファ・ケマルを筆頭に、ハリデとアドナンを含む七名に死刑の判決を下した。国内には、オスマン帝国政府と君主たるスルタン＝カリフを支持する者たちもいまだ多かったから、こうした勢力にもし捕まれば、彼女たちに命の保証はなかった。万が一のときのために、ハリデとアドナンは自決用の毒薬を携帯するようになる。

独立戦争のさなか、ケマルとハリデのあいだにロマンスが生まれたという説もある。強烈なカリスマ性を持つケマルと、国民軍指導者層唯一の女性であるハリデのあいだに、そのような噂が立つことは避けられないものだったろう。近年では、ふたりの愛憎を描いた小説が著されてもいる。ただし後述するように、ハリデはケマルにたいして、その独裁的な手法に強く反発していた。ふたりのあいだに特別な関係があったというのは、アクチュラとの親交と異なって、口さがない噂にとどまるように思われる。

国民軍は、イギリスより最新鋭の装備を供給されたギリシャ軍に押されていたが、一九二一年一月に行われたイノニュの戦いで辛《から》くも勝利することができた。しかし、ギリシャ軍は同年八月に総攻撃を断行し、国民軍の本拠地であるアンカラ近郊まで攻め込んだのである。

ギリシャ軍との決戦は、この月、アンカラの西に位置するサカリヤの地で行われた。ハリデは銃後にいるのを是とせず、ケマルのいる司令部に詰めた。すぐに銃弾が飛んでくる場所ではなかったものの、ひとたび戦線が崩れれば、命に危険があるのは間違いない。死闘は二二日間続き、ついにギリシャ軍は撤退した。翌年八月に国民軍はイズミルに到達、ギリシャ軍はアナトリアから完全に撤退した。ここに、独立戦争は終結したのである。

一九二二年、ケマルは最後のスルタンであるヴァヒデッティン（位一九一八〜一九二二年）を国外追放に処し、六〇〇年続いたイスラムの大国、オスマン帝国は滅亡した。翌一九二三年には共和制が宣言されてトルコ共和国が成立、その初代大統領に就任したのは、ケマルであった。

ケマルとの決裂、そして欧米での亡命生活

独立戦争において、軍事的指導者としてのケマルの優秀さは、誰もが認めるところであった。彼はしばしば強権的にふるまったが、そうした行動も、緊急時であったからこそ支持されたのである。しかし戦いが終わったいま、新しい国づくりを模索するなかで、ケマルの思い描くヴィジョンとは異なる方向性を是とする者たちも、少なくなかった。ケマルに先んじてアナトリアで抵抗活動を行っていたキャーズム・カラベキル将軍を筆頭に、ハリデやアドナンなど独立戦争を支えた同志たちも、そうした人々に名を連ねていた。彼らは一九二四年、ケマル率いる与党の共和人民党に対抗して、野党である進歩主義者共和党を結成する。

しかしケマルは、処刑や追放など、強引な手法でかつての同志たちを排除した（本書三一〇頁参照）。ただしハリデとアドナンは、トルコ政界の不穏な空気を感じ取り、この事件の少し前にヨーロッパに渡っていたため、危うく難を逃れることができた。以降、ふたりは一〇年以上祖国から離れ、亡命生活を余儀なくされる。

抵抗運動と独立運動の英雄、「トルコのジャンヌ・ダルク」にして「トルコ人の母」と称えられたハリデは、一転して、トルコのメディアによる攻撃にさらされた。ハリデはイ

スタンブルで活動しているあいだ、英仏ではなく、アメリカがトルコを委任統治するのがふさわしいという主張に賛同していた。アメリカのウィルソン大統領は、第一次世界大戦後に有名な「一四か条の平和原則」を発表、民族自決の尊重を打ち出していたからである。結局、アメリカの支持が十分に得られずこの主張は立ち消えとなったのだが、亡命後のハリデにたいして、トルコのメディアは「委任統治主義者」というレッテルを貼って非難した。祖国をアメリカに売り渡そうとした裏切り者、というわけである。また、ハリデの最初の結婚について、少女であったハリデがサーリフ・ゼキを誘惑したのだという、彼女の品位を傷つけるような中傷もなされた。

亡命先でのハリデ。彼女はヘビースモーカーだったという

祖国への帰還がかなわなくなったハリデであったが、亡命先においても精力的に活動した。

亡命してまもなく、ハリデは自伝を二編、いずれも英語で著している。少女時代をあつかった

『回想録』（トルコ語訳の題名は『藤棚の家』）、その続編といえる独立戦争時代をとりあげた『トルコ人の試練』（トルコ語訳の題名は『トルコ人の炎の審判』）である。

前者は、アブデュルハミト二世時代における中流階級の家庭生活を垣間見ることのできる貴重な史料であり、後者は、占領下のイスタンブルと独立戦争での活動がつぶさに語られている。とくに『トルコ人の試練』においてハリデは、ケマルの才能を否定してはいないものの、その独裁的なふるまいについて手厳しく批判している。独立戦争の勝利を、ケマルという天才ひとりの成果にしようとする共和国の公式歴史観にたいして、反旗を翻した作品であった。

彼女は主としてイギリスとアメリカで活動し、東洋学者アルバート・リーバイヤー、歴史家アーノルド・トインビーなどの知識人と交流を重ねた。本章冒頭で触れた、画家アルフォンス・マリア・ミュシャとの邂逅も、亡命時代のことである。

また、インド人の友人に招かれて独立運動のさなかにあったインドを訪れ、英語で講演を行った。このときの講演録は、のちに『トルコにおける東洋と西洋の軋轢』という題名で刊行されている。インド独立運動の指導者であるガンディーの家も訪問し、その簡素さと気のおけない雰囲気に驚いている。

トルコへの帰還

一九三八年にムスタファ・ケマル――彼は創姓法の制定（一九三四年）にともなって、「アタテュルク」の姓をトルコ大国民議会より贈られていた――が没すると、国外に亡命していた彼の政敵たちが、続々と帰国の途に就いた。そのなかには、ハリデとアドナンの姿もあった（なお、このふたりは「アドヴァル」の姓を得ている）。

帰国後のハリデは、イスタンブル大学文学部で英語・英文学の教授に就任する。トルコ初の女性教授であった。また、ときの文部大臣ハサン・アーリ・ユジェルが推し進めた西洋古典の翻訳プロジェクトにもかかわり、シェイクスピアの『ハムレット』などをトルコ語訳している。帰国後にもハリデは小説を著しているが、この時期の作品はやや精彩を欠くと評価されている。

一九四五年に、共和人民党による一党独裁が廃止され複数政党制がはじまると、一九五〇年には野党の民主党が勝利、トルコ共和国ではじめての政権交代が起こった。ハリデは、一九五〇年から一九五四年にかけて民主党の議員を務めている。しかし、大統領ジェラール・バヤルとはそりが合わず、一期のみで議会を去っている。

また彼女は、一九五一年に制定されたアタテュルク擁護法（アタテュルクへの批判を禁ずる法律）には厳しく反対した。革命の世代であり、アタテュルクの功も罪もよく知る彼女にとって、彼の神格化は許せないものだったのだろう。とはいえ、晩年の一九六二年、彼女自身の監修のもとトルコ語訳された自伝『トルコ人の炎の審判』では、英語の原著にあったアタテュルクへの厳しい批判は、和らいだ表現へと修正されている。

晩年

夫アドナンは、一九五五年七月一日に亡くなった。葬儀は盛大に執り行われ、当時の首相メンデレスも駆け付けた。

アドナンは民主党の議員を務めたこともあったが、ハリデと同様に一期のみで政界を退いている。この時期の彼は、医師や政治家としてよりも、むしろ学者として活躍しており、『オスマン・トルコにおける科学』や『歴史における科学と宗教』といった名著を執筆した。一九四〇年より、トルコにおける諸学界の総力を結集した『イスラム百科事典』（英語版イスラム百科事典のトルコ語訳だが、トルコ関係の項目が大幅に増補されている）の編集長を務めたことは、特筆すべき業績であろう。

ハリデが亡くなったのは、アドナンよりも一〇年ほどあとの一九六四年一月九日である。享年八〇歳であった。イスタンブルにある彼女の住まいはいつしか取り壊され、彼女が残した書籍や文書の多くは失われた。その亡骸は、イスタンブルの大城壁のすぐ外に位置するメルケズエフェンディィ墓地に葬られた。彼女はいま、夫アドナンの傍らで眠っている。

その活躍にもかかわらず、トルコ共和国におけるハリデの評価は高いものとはいえない。それはひとえに、無謬でなくてはならないアタテュルクの偉業を批判したことが理由であろう。たとえばトルコ共和国史の教科書において、ハリデは、アメリカの委任統治を望んだ人物として言及されるのみである。

晩年のハリデ

しかし近年では、ハリデの本格的な伝記が刊行され、文学雑誌でハリデの特集が組まれるなど、復権の兆しが現れている。彼女がその偉業にふさわしい評価を得る日も、遠くはなかろう。

第十章　ムスタファ・ケマル
——トルコ建国の父アタテュルク

ナズミ・ズィヤ・ギュラン画、ムスタファ・ケマルの肖像

1　教養を重んじた青年士官

父なるトルコ人「アタテュルク」と呼ばれた男

本章冒頭にかかげた肖像画は、トルコ印象派の画家ナズミ・ズィヤ・ギュランの手による。彼は、イスタンブルを征服したメフメト二世の師、アフメト・ギュラーニーの子孫である。オスマン・ハムディが開校したオスマン芸術学院において絵を学んだ彼は、それに飽き足らずパリに留学、フランス人の画家に師事した。一九一四年に第一次世界大戦が勃発すると、ほかの留学生たちとともに帰国、彼らは「一九一四年グループ」と呼ばれてトルコの美術界をになうようになる。

画中の男の名は、ムスタファ・ケマル。

トルコ共和国を訪れた者なら、必ず、この男の姿を目にしたことがあるはずだ。街角で、室内で、往来の中央で。彼の肖像画や彫像は、それこそトルコに偏在しているといってよい。晩年の一九三四年には、トルコの大国民議会よりアタテュルク――「父なるトルコ人」という意味を持つ姓を与えられ、いまではこの姓でもって人口に膾炙している。第一次世界大戦で敗北して滅亡の瀬戸際にあったオスマン帝国において、列強にたいする独立運動を指揮し、いまのトルコ共和国建国の父となったのが、彼であった。

本書の掉尾を飾るのは、六〇〇年続いたオスマン帝国に引導をわたした、この男である。

英雄の誕生

誕生時にムスタファ、と命名された彼の生年は、はっきりとしない。母ズベイデは、イスラム暦一二九六年（西暦だと一八八〇年三月一三日から一八八一年三月一二日にあたる）の冬に産んだと語る。ムスタファ・ケマル自身は、のちに一八八一年をみずからの正式な生年に定めている。

ムスタファが誕生したサロニカは、西洋への玄関口として、当時のオスマン帝国においてイスタンブルとイズミルに次いでもっとも活力に満ちた都市であった。父アリ・ルザは、息子に近代的な教育をほどこすことを望み、ムスタファ少年は、デンメが経営する洋式の小学校で学んだ。父が事業に失敗して失意のうちに亡くなると、母ズベイデは親戚を頼って田舎に移り住んだ。しかし、立身出世の夢を抱いたムスタファ少年は、母に無断でサロニカの陸軍幼年学校予科に入学する。一三歳のときであった。

軍人に欠かせない、数学の才能にあふれた少年

陸軍幼年学校予科でムスタファ少年が得意としたのは、数学だった。近代の軍人には数学の知識が欠かせないから、このときすでに、少年は軍事的才能の片鱗を見せていたことになる。数学教師ムスタファは、彼の才能をことのほか喜び、みずからと区別する意味もあって少年を「完全な」という意味を持つ「ケマル」というあだ名で呼ぶようになる。一九世紀後半に活躍した愛国詩人ナームク・ケマルと同じ名を、ムスタファ少年はいたく気に入ったらしい。彼は、こののち「ムスタファ・ケマル」という名を用いるようになる。

陸軍幼年学校予科を卒業したケマルは、一八九五年から一八九八年にかけて、マナストゥルの陸軍幼年学校で学ぶ。ケマルはここで、教師メフメト・テヴフィクより歴史を教授され、深い影響を受けた。詩作も好み、ある教師は、ケマルがあまりに詩にのめり込んでいるため注意したという。フランス語を学び、ヴォルテールやルソーをはじめとしたフランスの思想書を耽読したのも、このころである。優れた軍人には、歴史や詩、さらには哲学の教養が必要であるという彼の思想が、このときすでに表れていた。

ケマルは幼年学校を次席で卒業し、一八九九年、イスタンブルの陸軍大学校に入学した。入学時は七三六人中四五九位と平凡な成績であったが、初年度の終わりには二九位、第二

年度は一一位、卒業時には八位と、その頭角を現している。

ときは、アブデュルハミト二世の専制時代であった。アブデュルハミトは、ドイツと友好関係を結んでおり、当時の陸軍大学校にはドイツ軍人が教師として赴任していた。とくに有名なのが、クラウゼヴィッツに影響を受け『国民皆兵論』を著したコルマール・フォン・デア・ゴルツであり、彼の思想は、ケマルのみならず当時の若手将校たち――すなわち、のちの第二次立憲政を主導する統一進歩委員会の面々――に深い影響を与えることになる。

アブデュルハミトはまた、立憲主義や自由主義を抑圧したスルタンとしても知られている。しかし学生たちのあいだには、こうした新しい西洋思想に感化される者も多かった。ケマルもまた、学友アリ・フアトとともに、秘密裏に政治活動に従事するようになるが、彼らの活動は当局の知るところとなり、ケマルは友人ともども短期間、投獄されてしまう。とはいえ当局は、彼らを将来のある有為の人材とみなしていたため、それ以上厳しく罰することはなかった。

最初の任地シリア、そして青年トルコ革命の勃発

一九〇五年にケマルは、ダマスカスの第五軍に配属される。ダマスカスは現在のシリアの首都であり、バグダードとならんで、オスマン帝国領のアラブ地域のかなめとなる都市であった。

長くイスラム世界の中心として栄えてきたアラブ地域は、一六世紀初頭にセリム一世が征服して以来、四〇〇年近くオスマン帝国の支配下にありつづけた。アラビア語を話すアラブ人が主たる住民であり、言語や風習は、バルカンやアナトリアといったオスマン帝国の中核地域とはずいぶんと異なる。同じオスマン帝国領とはいえ、ヨーロッパの雰囲気が色濃いサロニカで育ったケマルにとって、ダマスカス滞在はカルチャー・ショックであったに違いない。

ケマルの任務は、山賊や匪賊にたいする警察活動が主であった。ここでケマルは、はじめての実戦を経験する。同時に彼は、政治活動にも意欲的にたずさわった。故郷のサロニカにひそかに帰還し、政治結社を組織してもいる。ただしこのときケマルが組織した結社は、やはり若手将校たちが組織し、勢力を拡大しつつあった統一進歩委員会に吸収されてしまい、のちにケマルも統一進歩委員会の末席に加わることになる。

一九〇八年、統一進歩委員会による青年トルコ革命が勃発、三〇年間続いたアブデュルハミト二世の専制時代は終わりを告げた。革命を主導したのは、統一進歩委員会のリーダーのひとりエンヴェルであり、ケマルはこの革命において重要な役割をになわなかった。ともあれ、議会と憲法が復活したオスマン帝国において、第二次立憲政と呼ばれる時代がスタートする。

希望に満ちていたはずの第二次立憲政の船出は、しかし、困難に満ちたものだった。その翌年には、反革命のクーデタ（三月三一日事件）が発生する。これはたやすく鎮圧されたものの（鎮圧にあたってはケマルも活躍している）、オスマン帝国に残された時間はわずかであり、その体制を立て直す余裕はほとんどなかった。一九一一年にはリビアをめぐってイタリアとの戦争が勃発、以降、帝国はその滅亡にいたるまで、たえまない戦火にさらされることになる。

リビア戦争勃発までのわずかな安息のあいだにも、ケマルは精力的に活動した。一九一〇年にはフランスを訪れ軍事訓練を視察、帰国後はドイツの軍事教練の教科書をトルコ語に翻訳している。こうしてその軍事的才能に磨きをかける一方で、優秀な軍人に必要であると信じてやまない、教養を深めることも忘れなかった。フランスの社会心理学者ギュスターヴ・ル・ボンの『群集心理』をはじめとした、当時最先端の学説に触れたのはこのころである。

2 第一次世界大戦の英雄となり、独立戦争を指揮

リビア戦争

一八六一年に成立したイタリア王国は、このころ列強への仲間入りを目指して、植民地とするべき地域を物色していた。とはいえ、すでに世界は英仏を中心とした列強各国にすみずみまで支配されつつあり、新興のイタリアが付け入ることのできる地域は、多くはなかった。

そのイタリアが目を付けたのが、地中海をはさんだ対岸のリビアである。当時のリビアは、名目上はオスマン帝国領土であったものの、実質的には在地アラブ人の有力部族が支配する地域であった。イタリアは、ここを植民地として獲得しようと、一九一一年、最終的には一〇万人にのぼる軍隊を派遣したのである。たいするリビアの守備兵は、四〇〇〇

人にすぎなかった。

名ばかりとはいえ、オスマン帝国に残された最後のアフリカ領であるリビアを守る義務がオスマン政府にはあった。しかし、本格的に派兵する余力はなかったため、現地のアラブ部族を指揮するために、若手軍人たちが派遣されることとなる。そのなかには、エンヴェルやケマルの姿もあった。

派遣にさいし少佐に昇進したケマルは、エジプト経由でリビア入りし、防衛にあたっていたアラブ部族の部隊と接触する。ケマルは彼らを指揮して、圧倒的な物量差をはねのけ、イタリア軍を苦しめた。ケマルはここで、ゲリラ戦の経験を積むと同時に、まったく文化的背景の異なる人々を率いていかに戦うかを学んだのである。

バルカン戦争

ケマルらオスマン軍士官たちは、しかし、一九一二年にリビアからの撤退を余儀なくされる。この年の一〇月、第一次バルカン戦争が勃発したためである。モンテネグロ、ブルガリア、セルビア、そしてギリシャがオスマン帝国に宣戦布告し、残り少ないバルカン半島の帝国領に攻め込むと、帝国政府は二正面作戦を避けるため、イタリアにリビアを明け渡す苦渋の決断を下した。ケマルはリビアから呼び戻され、ガリポリ（トルコ語ではゲリボル）半島に駐屯する軍団に配属される。

ケマルにとって、はじめての大軍団同士の戦闘であった。

バルカン半島に展開するオスマン軍は、バルカン諸国軍のおよそ半数にすぎず、苦戦を強いられる。ブルガリア軍はオスマン帝国の古都エディルネを占領するにいたり、オスマン帝国はバルカン半島の領土のほとんどを失って、第一次バルカン戦争は終結した。

しかし、オスマン帝国の命運はまだ尽きていなかった。

同年六月、バルカン諸国はオスマン帝国から獲得した領土をめぐって内紛を起こし、ブルガリアとそれ以外の諸国のあいだで第二次バルカン戦争が勃発したのである。エンヴェルは、この混乱の隙をついて、ブルガリア軍が撤退していたエディルネを無血で奪還することに成功した。この功績によりエンヴェルは、一躍、英雄として称賛されることになる。

エディルネは奪還したものの、結局、オスマン帝国はヨーロッパ側の領土の八割を失った。領土のみならず、人的損害は深刻だった。バルカンに住むムスリム臣民は迫害され、残されたオスマン帝国領に難民として流れ込み、その数は六四万人におよんだ。さらに、戦いのなかで五万人が、飢えと疫病で一〇万人が亡くなっている。バルカン戦争における壊滅的敗北とそれに続く災厄は、以降のオスマン帝国の人々にとって、深いトラウマとなったのである。

バルカン戦争の敗北により、ケマルの故郷であるサロニカも、オスマン帝国の手を離れてギリシャ領となった。そのため、ケマルは母ズベイデのために、イスタンブルのドルマバフチェ宮殿にほどちかい地区に屋敷を購入している。やはりイスタンブルに移り住んでいた、ズベイデの再婚相手の姪フィクリエは、足しげくこの家を訪れ、ケマルと親しく付き合うようになった。独身であったケマルは、パーティなどで女性をともなう必要があるとき、六歳ほど年下の彼女とともに参加したものである。

ブルガリアでの幕間

バルカン戦争のさなかの一九一三年一月、統一進歩委員会はクーデタによってオスマン政府の実権を握っていた。さらに翌年、バルカン戦争の英雄エンヴェルは陸相に就任、スルタンの姪と婚約し、その権力と権威を盤石のものとした。

一方のケマルは、バルカン戦争終了後、ブルガリアの首都ソフィアに駐在武官として赴任していた。これは、ケマルを帝都イスタンブルから遠ざけるための人事であったようだ。

権力を握ったエンヴェルが、地位は低いながらもその才能を示していたケマルを危険視し、手を回したのかもしれない。

左遷ともいえる人事であったが、ブルガリア滞在は有意義なものとなった。ブルガリアは、新興国でありながら、第一次バルカン戦争でオスマン軍を破っている。ケマルは、同国の軍事と政治をつぶさに観察し、要人との交流を深めた。また滞在中、『将校と司令官との対話』と題した用兵論も著している。この小著でケマルは、自身が体験したリビア戦争における実例を示しつつ、指揮官の献身がいかに重要かを論じた。日露戦争における日本軍勝利の要因として、「攻撃精神」への言及もみられる。

ケマルの駐在武官としての生活を終わらせたのは、第一次世界大戦の勃発と、オスマン帝国の参戦であった。

第一次世界大戦の勃発

一九一四年六月二八日、ボスニア・ヘルツェゴヴィナの都市サラエヴォで、オーストリアの皇位継承者であるフェルディナントが、セルビアの民族主義者に暗殺されるという事件が起こった。オーストリアがセルビアに宣戦を布告すると、オーストリアにはドイツが

（同盟国）、セルビアにはロシアが味方し、後者にはさらに英仏が加わることで（連合国）、全ヨーロッパを巻き込む大戦に発展することになった。第一次世界大戦である（本書二七四頁参照）。

一九世紀には英仏との関係が深かったオスマン帝国であったが、世紀の末ごろよりドイツとの関係を深めており、第二次立憲政を主導した統一進歩委員会、とくにエンヴェルはドイツびいきであった。バルカン戦争の傷が癒えぬオスマン帝国は、可能な限り参戦を回避しようとしたが、一一月、エンヴェルの独断先行によってドイツ側に立って宣戦を布告することになった。

オスマン帝国は、主として四つの方面で第一次世界大戦を戦った。

一、コーカサス戦線。敵はロシア軍

二、エジプト戦線。敵はイギリス軍

三、イラク戦線。敵はイギリス軍、アラブ軍

四、ダーダネルス海峡（ガリポリの戦い）。敵は主としてイギリス軍

開戦直後、コーカサスに先制攻撃をしかけたエンヴェルが手痛い敗北を喫し、逆にロシア軍が東アナトリアに深く侵攻することになった。エジプト方面でもオスマン軍の攻撃は

失敗に終わるが、イラク戦線では善戦している。しかし、情報将校ロレンス（いわゆる「アラビアのロレンス」）の活躍によって、これまで長くオスマン帝国の臣民であったアラブ民族が反乱を起こす。同じムスリムであるアラブ人の反乱は、オスマン政府を動揺させた。

ガリポリ（ゲリボル）の戦い

第二次世界大戦において、ナチス・ドイツに断固として抵抗し、イギリスを勝利に導いた首相ウィンストン・チャーチルは、第一次世界大戦勃発時、海相であった。チャーチルは、大戦の戦局を一気に有利に導くため、ダーダネルス海峡攻略作戦を計画する。マルマラ海とエーゲ海を結ぶダーダネルス海峡を突破すれば、オスマン帝国の帝都イスタンブルは指呼の間である。これによって帝国は降伏せざるを得なくなるだろう。そうすれば、ドイツ相手に苦戦を強いられているロシア軍への補給や連絡も容易になる、と考えたのである。

こうして一九一五年二月から三月にかけて、英仏連合艦隊は、ダーダネルス海峡を一気呵成に突破することを試みた。しかし、艦隊による突破作戦は、両岸からの激しい砲火と機雷によって阻まれる。連合軍は、ダーダネルス海峡の北側の地域、すなわちガリポリ半島を、陸軍を上陸させて奪取する方針に転換した。四月には激しい戦闘のすえ、海岸の一角（アルブルヌ湾）を橋頭堡として確保することに成功する。

オスマン軍守備兵の指揮を執るのは、ドイツから派遣されていた将校リーマン・フォン・ザンデルスであったが、彼は半島の付け根に位置する司令部に座し、安全地帯から全軍の差配をするにとどまっていた。アルブルヌ湾から内陸に入らんとする連合軍の攻撃を、実際に前線で受けて立った指揮官が、ムスタファ・ケマル中佐であった。

ガリポリの戦い。塹壕でのケマル（左）

第一次世界大戦では、ドイツと連合軍のあいだの塹壕戦が有名であるが、ガリポリの戦いにおいても、神経をすり減らすような塹壕に潜んでの戦闘が続いた。

局面が動いたのは、八月である。膠着状態

にしびれを切らした連合軍は、兵力を増強し、アルブルヌ湾の北方から総攻撃を加えたのだ。しかし、四日にわたる猛攻を、ケマルはしのぎ切る。このときだけで、オスマン軍は一万七〇〇〇名、連合軍は二万五〇〇〇名の死傷者を出すという激戦であった。

この決戦ののちも、塹壕戦は続いた。戦いのさなか、ケマルは大佐に昇進し、ドイツ皇帝ヴィルヘルム二世からは鉄十字勲章が授与されている。一二月五日、体調を崩したケマルは前線を離れイスタンブルに戻るが、そのときすでに、連合軍は撤退を決定していた。連合軍がガリポリから完全に姿を消すのは翌年一月九日のことである。

ガリポリの戦いは、双方合計で五〇万人の死傷者という甚大な被害をもたらした。イスタンブルを一気に陥落させるという連合軍の戦略は、完全な失敗に終わったのである。この戦いの結果、ケマルは、一躍、英雄として称賛されることになる。他方、ガリポリ作戦を立案したチャーチルは、責任を取って海相を辞任する。チャーチルが、その長い政治家人生において犯した最大の失策であった。

ガリポリの英雄となり少将に昇進したケマルは、休む間もなく、ロシアが侵攻する東アナトリア、そして中東を転戦した。

一九一八年九月一九日、イギリス軍がパレスチナで総攻撃を開始すると、オスマン軍は総崩れとなった。そのなかにあってケマルは善戦していたが、一〇月三〇日、オスマン帝国政府は連合国と休戦協定を結んだ——すなわち、オスマン帝国の敗北である。ドイツとオーストリアもまもなく敗北し、ここに第一次世界大戦は終わった。

独立戦争のはじまり

帝都イスタンブルは連合軍の占領下に置かれた。ケマルも召喚され、一九一八年一一月一三日にイスタンブルに到着している。

オスマン帝国最後のスルタン、ヴァヒデッティン

イスタンブルでは、前章でとりあげたハリデ・エディプをはじめとした人々が、さまざまな形で占領にたいする抵抗活動を行っていた。そのなかにあってケマルは、まず、この年にスルタンに即位したヴァヒデッティンに接触を試み、抵抗の可能性を探った。ケマルは、一九一七年一〇月に一時帰京したさい、皇太子であったヴァヒデッティンの知己を得

て、彼のドイツ巡幸に副官として参加していたのである。このコネクションを生かしてヴァヒデッティンと会談したケマルであったが、ヴァヒデッティンに連合国に逆らう意思はなかった。

失望したケマルは、別の方策を探ることになる。そのころ、アナトリアの各地でレジスタンスが立ち上がっていたものの、抵抗運動は相互の連携が弱く、シンボルとなる指導者を欠いていた。そこでレジスタンスは、ケマルに接触して指導者となるよう打診していた。そしてケマルは、この提案を受け入れたのである。

一九一九年五月一五日、イギリスの後押しを受けたギリシャ軍がイズミルに上陸する。連合国はアナトリアの分割支配を意図していたが、列強諸国は大戦で疲弊していたため、ギリシャにその先鋒を務めさせたのである。この分割計画は、一九二〇年にセーヴル条約として結実するが、オスマン帝国にはアナトリアの中央部しか残されない、きわめて厳しい内容のものであった。

ケマルが船に乗ってイスタンブルを離れ、黒海南岸のサムスンに上陸したのは、このギリシャ侵攻の四日後、一九一九年五月一九日である。

死刑判決を下される

ケマルと、レジスタンスの有力者たちは、まずエルズルム、ついでスィヴァスで会合を持ち、独立戦争の方針を固めた。スルタンに非協力的であったイスタンブルの帝国議会が解散させられるのをみたケマルは、アンカラで大国民議会を開催し、内閣を組織した。ここに、アンカラ政府が成立する。

ケマルとアンカラ政府は、四方を敵に取り囲まれていたが、それをひとつずつ解決していった。

その敵のひとつは、スルタン＝カリフとオスマン帝国政府であった。イスタンブルのオスマン帝国政府は、ケマルらを不信仰者と断じ、死刑判決を下したのである。いまなおスルタン＝カリフを支持する人々は多く、ヴァヒデッティンの呼びかけに応じて、アナトリアの各地でアンカラ政府に対する反乱が起きた。これにたいしてケマルは、ヌーレッティン少将に、反乱分子の徹底的な鎮圧を命じた。ヌーレッティンの手腕は確かであったが、同時に苛烈でもあった。鎮圧活動によって、おそらくは無実の人々も含めた一万人以上が殺害されている。

アナトリアの南東部には、シリアを支配するフランス軍が侵攻していた。この地方の主要な都市であるマラシュ、ウルファ、アンテプをめぐり、一九一九年から一九二一年にかけて攻防戦が続いたが、最終的にはアンカラ政府に有利な条件で決着がつく。

コーカサスでは、ロシア帝国崩壊後の混乱のなかでアルメニアが建国され、セーヴル条約において東アナトリアがアルメニアに与えられることになっていた。セーヴル条約に力を得たアルメニアは、このころ、オスマン領に小規模な攻撃を繰り返した。これはアンカラ政府の容認できるものではなく、一九二〇年九月、アンカラ政府とアルメニアのあいだで戦端が開かれた。戦いは、キャーズム・カラベキル将軍が率いるアンカラ政府軍の圧勝に終わり、最終的には、ほぼ現在と同様の国境が画定することになる。

フィクリエとの悲恋

ところで、独立戦争のさなかの一九二〇年一一月、アンカラのケマルのもとに、フィクリエが訪れている。ケマルを慕う彼女は、危険を承知でイスタンブルを抜け出したのである。フィクリエはケマルの屋敷で家事をするとともに、個人的な秘書としても働くことになった。

ふたりの仲は親しいものであったが、これが進展するには、困難がふたつあった。ひと

フィクリエ

つは、ギリシャとの戦いが続いていたことである。もしふたりが結婚するとしても、独立を勝ち取ってからになるであろう。

もうひとつは、ケマルの母ズベイデと、ケマルの姉マクブレが、フィクリエを嫌っていたことである。なぜ彼女たちとフィクリエの仲が悪かったのか、理由は知られていない。いずれにせよ、ケマルとフィクリエの関係は、これ以上に深まることはなかった。

3 トルコ共和国の初代大統領に就任

ギリシャ軍との戦いと独立戦争の勝利

一九二一年初頭、ついにギリシャ軍が内陸へと向けて軍を進めはじめた。衆寡敵せず、キュタヒヤ付近まで攻め込まれるが、同年三月のイノニュの戦いにおいて、迎撃軍を指揮したイスメト大佐は金星を挙げ、ギリシャ軍の進撃はいったん食い止められた。しかし、体勢を立て直したギリシャ軍は、七月、総攻撃を開始、アンカラ近郊まで軍を進めた。

　このあいだ、ケマルは直接軍の指揮を執ることなく、アンカラ政府の体制を整えることに専念していた。ケマルはすでにオスマン帝国に見切りをつけ、これから生まれる新しい国のための下地を整えようとしていたのだった。だが戦局が風雲急を告げるにいたり、ケマルは総司令官として、ギリシャ軍を迎え撃つことになる。

　八月二三日、アンカラの西五〇キロに位置するサカリヤ川の東側で、両軍は激突した。戦いの前に落馬し、骨折するという不運に見舞われたものの、ケマルはよく指揮を執り、装備の優秀なギリシャ軍を苦しめた。ケマルは万が一に備えて、政府をカイセリに移すことも視野に入れていた。これは、ケマルの持つ戦略の柔軟性を示しているといえよう。しかし、最終的にその必要はなかった――二二日続いた激戦のすえ、ギリシャ軍は撤退したのである。

　勝利したとはいえ、大きな損害を出した国民軍に余力はなく、すぐに追撃することはできなかった。体勢を立て直して西部に進撃し、ギリシャ軍をアナトリアから駆逐するのは、一九二二年九月のことである。サカリヤでの勝利を見た諸外国は、すでにイスタンブルのオスマン帝国政府を見限ってアンカラ政府との交渉に入っており、一九二二年一〇月に結ばれたムダンヤ休戦協定によって、独立戦争は勝利で終わった。

オスマン帝国の滅亡とトルコ共和国の建国

一九二二年一〇月、アンカラ大国民議会はスルタン制の廃止を決議し、最後のスルタンとなったヴァヒデッティンは、翌一一月に亡命した。ここに、六〇〇年続いたオスマン帝国は滅亡する。

一九二三年には共和制が宣言されてトルコ共和国が成立、ケマルは初代大統領に就任した。この年には、現在のトルコとほぼ同じ領土が認められたローザンヌ条約が締結され、国土分割の危機も回避されている。

戦いは終わったが、ケマルがなすべきことは山積していた。彼が真っ先に取り組んだのは、カリフ制の廃止である(一九二四年)。オスマン帝国のスルタン制度は廃止されたものの、宗教指導者としての地位(カリフ)はなお存続していた。カリフ制を支持する者は多かったが、ケマルはその廃止をも断行したのである。

ついでケマルは、みずからの権力を固める手を打つ。独立戦争の有力者たちは、勝利のためにケマルの強権的なリーダーシップを認めていた。しかし同時に、彼らはそのやりかたに反発を抱いており、戦後、野党を結成するにいたった。それにたいしケマルは、クルド人が中心となったシェイフ・サイトの反乱（一九二五年）やケマル暗殺未遂事件（一九二六年）を奇貨《きか》として、ライバルたちを一掃したのである。一五名に死刑が宣告され、ケマルに匹敵する実力者キャーズム・カラベキル将軍は政界から引退することになった。このとき国外にいたハリデ・エディプや彼女の夫アドナン医師は、そのまま亡命生活に入り、ケマルの死まで帰国することはなかった（本書二八〇頁参照）。

こうしてケマルは、権力を一手に握ったのである。

ラティフェとの結婚と破局

このころ、ケマルの私生活でも大きな変化があった。

独立戦争に勝利した直後の一九二三年九月、ケマルはひとりの女性と出会う。イズミルの豪商の娘、ラティフェである。一八九八年生まれというから、ケマルより一七歳ほど年下である。フランスで教育を受け、西洋風の教養を身につけたこの女性を、ケマルはいたく気に入ったようであった。

このとき結核を患っていたフィクリエは療養を理由にミュンヘンへと送られ、ケマルのそばにはラティフェがつき従うようになる。出会ってから半年もたたない翌一九二三年初頭、ふたりは結婚した。この知らせを受けたフィクリエは、ただちに帰国してケマルに面会を求めるが、ケマルはこれを拒絶する。絶望したフィクリエは拳銃自殺を図り、ケマルはみずからの侍医に治療に当たらせたものの、彼女はほどなくして亡くなった。

ケマルとラティフェの結婚式は、トルコの新しい時代を象徴するかのように、近代的な装いで行われた。新婦の顔は、伝統と異なってヴェールで覆われることはなく、人々を驚かせた。独立戦争後にケマルは、戦いの傷の癒えぬトルコ各地を巡幸するが、そのときも顔を隠さないラティフェを傍らにともない、新時代を人々に印象づけたのである。

ケマルとラティフェ

しかし、ふたりの結婚生活は、すぐに破綻することになる。フィクリエと異なり、ラティフェは才気を隠さぬ、活動的な女性であった。一方のケマルは、公的な場では開明的にふるまっていたが、家庭においては、女性が従順に従うことを望んでいた。また、ケマルは常に公務に忙殺されており、たまに自宅で過ごすときも、はるかに年下の妻と過ごすより、友人たちと朝まで酒を酌み交わすのを好んだ。ラティフェは、ラク（アニスで香り付けした蒸留酒で、水で割ると白濁する。「ライオンのミルク」とも通称される）を浴びるように飲むケマルの体調を心配して、自宅に客人を入れぬよう画策したこともあったが、これはケマルの激怒を招いただけであった。

ふたりはすれ違いを続けた果てに、結婚して二年半後、離婚する。ケマルもラティフェもともに再婚することなく、ラティフェは一九七五年に七七歳で死去した。

大統領としてのケマル

権力を固めたあとのケマルは、新しいトルコという国のかたちを整えるために、矢継ぎ早に大胆な改革を打ち出していった。

その軸となったのは、トルコ民族主義である。多民族・多宗教の国家であったオスマン帝国から、世俗的な単一民族国家であるトルコ共和国への転換が、きわめて強権的に目指されたのである。この政策は、新しいトルコという国をまとめあげるために必須の政策であり、曲がりなりにも成果を収めることに成功した。しかし、この政策は、三つの大きな副作用も生んだ。

ひとつは、クルド人の問題である。クルド人とは、トルコ東部からイラン・イラクにかけて居住する、クルド語を話す人々であり、古い歴史を持つ。彼らはムスリムであったから、民族ではなく宗教をもとに統治するオスマン帝国にあっては、クルド人とトルコ人の違いは問題とはならなかった。しかしトルコ共和国においては、トルコ民族主義が国是に据えられたために、クルド人は「山岳トルコ人」とみなされ、同化政策の対象となったのである。

ふたつめは、イスラム教とどうむきあうか、という問題である。新生トルコ共和国においては、西洋的な世俗国家が目指され、カリフ制をはじめとして、イスラム学院《マドラサ》や宗教寄進《ワクフ》など、イスラム教に由来するオスマン帝国時代のさまざまな制度が廃止された。しかしそれでも、オスマン帝国の国教であったイスラム教に代わるアイデンティティの構築は、容易ではなかった。イスラム教の政治的影響力は可能な限り排除されたものの、その文化的な影響は、否定しきれるものではなく、現在にいたるまでくすぶりつづけることになる。

これらの政策が、強権的な権威主義体制のもとで遂行されたことも、大きな禍根を残した。ケマルは進歩的かつ開明的なリーダーとみなされることが多く、その評価は間違いではないが、彼の手法は批判を許さぬ独裁的なものであった。たとえ政権に好意的な主張を持つグループであっても、少しでも意にそわない点があれば解散させ、忠実なイエスマンで固めて類似の集団を組織させた例が多々みられる。イスタンブル大学の解体と再編はその好例といえよう。また、いちど野党の結成を命じたものの、野党が思わぬ人気を博したのを見て取り、すぐさま解党させてもいる。こうした権威主義は、クーデタや独裁が繰り返されるトルコ共和国の政治に、少なからぬ影響を与えた。

いまなお生きるアタテュルク

一九三四年、創姓法が制定される。それまで人々は一般に姓を持たなかったが、このときすべての国民が姓を持つことが定められた。大国民議会は、ケマルに「アタテュルク」の名を贈る。「父なるトルコ人」の意味である。この姓は一代限りであり、ケマルその人以外がこの姓を用いることは禁じられた。

トルコという国のかたちを整えたケマル——いまやアタテュルクと呼ぶことにしよう——は、一九三八年、イスタンブルのドルマバフチェ宮殿で亡くなった。五七歳であった。

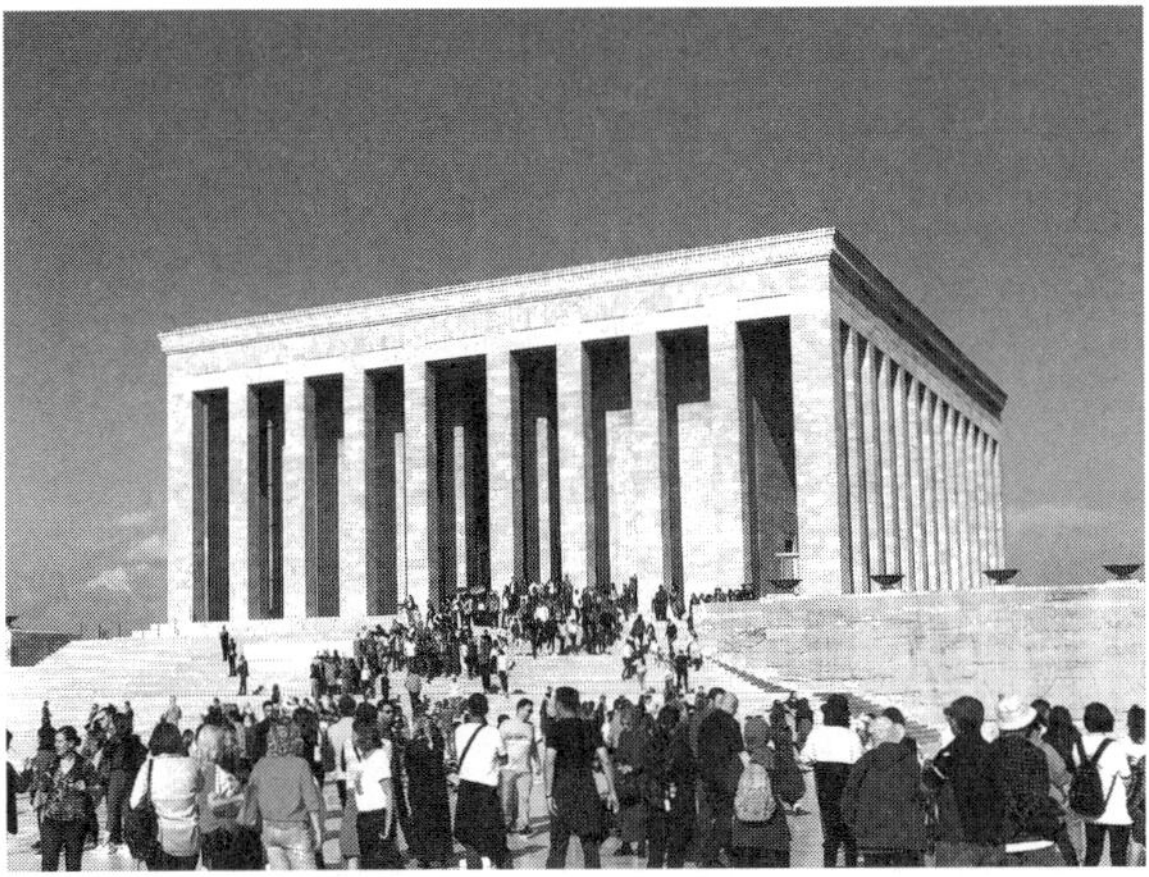

アヌトカビル(アタテュルク廟)

死因は、過度の飲酒が原因の肝硬変であったという。ラクを痛飲しつつ友人たちと朝まで語りあかす、かつてラティフェにたしなめられた彼の生活習慣は、ついぞ改まることはなかったのである。

彼とラティフェのあいだには子はなく、幾人かの養子がいたのみであった。そのうち、養女アーフェト・イナンは歴史家として、同じく養女のサビハ・ギョクチェンは女性飛行士として活躍したが、政治活動にたずさわる者はいなかった。アタテュルクに直接の係累がおらず、養子たちが政治的な力を持たなかったことは、縁故主義や実質的な世襲がはびこる中東諸国にあって、アタテュルクの清廉さをひときわ目立つものにしたといえるだろう。

アタテュルクの遺骸は、イスタンブルからアンカラに移されたのち、ながらく現在の民俗学博物館の建物に安置されていた。しかし一九五三年、アヌトカビルと呼ばれる巨大な廟が、アンカラの丘のひとつに建てられ、彼の遺骸はそこに安置された。いまでも、ここを訪れる人々は引きも切らない——あたかも聖者の墓に参詣するかのごとく。

コラム5

エルドアン大統領——一〇〇年をへて登場したアタテュルクのライバル

二〇二〇年現在、トルコ共和国大統領を務めるレジェップ・タイイップ・エルドアンは、一九五四年、イスタンブルの裕福とはいえない家庭に生まれた。導師・説教師《イマーム・ハティープ》養成学校で学び、イスラム教の教養を身につけた彼は、親イスラム的な政治家エルバカンが率いる福祉党の若手政治家として頭角を現す。一九九四年、同党のもとでイスタンブル市長に当選、インフラ整備や福祉改革に手腕を発揮して高い評価を得た。一九九八年に福祉党が解体されると、若手政治家たちとともに公正発展党を結党、二〇〇二年の総選挙で勝利する。以降、同党は停滞していたトルコ経済を発展させ、また民主化を推進したことで幅広い支持を獲得、現在にいたるまで長期政権をになっている。

イスラム的価値観を重視し、オスマン帝国の遺産をことあるごとに主張するエルドアン大統領は、オスマン帝国を否定し、世俗主義を国是として国づくりを進めたアタテュルクと対照的である。建国以来、多くの歴代与党や軍部は、アタテュルクの政策を絶対視し、これに反対する政治家を排除してきた（エルドアン自身も、福祉党時代、宗教的な文言を含んだ演説を行った咎《とが》で投獄されている）。しかし、国民のほとんどがムスリムであるこの国にあって、強権的に世俗主義を浸透させるのは簡単なことではなかった。実際、トルコ共和国の選挙史上、民意を反映した親イスラム政権が勝利するのは稀ではない。福祉党の台頭や、公正発展党の躍進は、こうした状況を背景としている。

現在では、アタテュルクの業績が客観的に評価・批判されるようになり、過度の神格化は影を潜めつつある。とはいえ、彼がいまなお国民の大多数に敬愛される存在であることに間違いはない。そのアタテュルクに挑戦するエルドアン大統領は、二〇一七年の憲法改正によって大統領制への移行を果たし、制度上、いまやアタテュルクをしのぐ権力を手にした。しかし、エルドアン大統領の基盤が盤石かというと、そうもいいきれない。近年、公正発展党の支持の源であった経済発展は陰りをみせているし、政権の権威主義化が急速に進むことで民主化への期待も失われたからだ。

こうしたなか、二〇二三年にトルコ共和国建国一〇〇年を迎えるエルドアン大統領は、どのような歴史的評価を受けることになるのだろうか。

あとがき

歴史は、人の営みが作り上げる——むろん、それだけではないにしても。

歴史研究者としてはいささかナイーブなこの思いは、前著『オスマン帝国』（中公新書）を執筆するうちに、私のなかで大きくなっていった。歴史の流れに翻弄され、あるいはそれに抗った人々の姿、その人生の細部に焦点を当てて語ってみたいという気持ちが芽生えたのだ。前著でとりあげたスルタンたちの、歴史の表舞台には出にくい裏面を。通史という叙述からはこぼれおちてしまう女性たちの活躍を、芸術家たちの営みを。

そうした思いを抱いているなか、幻冬舎の福島広司さんと木田明理さんより、オスマン帝国の英雄・偉人をとりあげた人物伝の連載を依頼され、一も二もなく引き受けた。そうしてはじまったウェブサイト幻冬舎ｐｌｕｓでの連載に、加筆・修正をほどこしたものが本書である。

本書の大部分は、二〇一九年度、トルコ共和国の首都アンカラにある中東工科大学での

在外研究中に執筆した。アタテュルクが作り上げた近代都市のすそ野に位置する広大なキ
ャンパスの片隅で、この地に生きた人々の来し方と行く末に思いをはせながら筆を進めた
のは、苦しくも楽しい思い出である。
私の筆力の至らなさもあり、とりあげた一〇人の魅力を、本書が十分に描き切れている
かについては、読者諸賢の批判を仰ぎたい。新書という性質上、注釈をつけることはかな
わなかったが、最新の研究成果を反映することについては、可能な限り突き詰めたつもり
である。アンカラという地の利を生かし、刊行されたばかりの評伝や研究書をすぐさま手
に入れ、腰を据えて古書や史料を収集しえたのは僥倖《ぎょうこう》であった。こうした成果をもとに、
前著に劣らぬ充実した参考文献を掲載することができたのは、うれしい点である。

本書の刊行にあたっては、さまざまな方にお世話になった。中東工科大学歴史学科のオ
メル・トゥラン教授は、私を客員准教授として受け入れ、研究や生活における助力をして
くださった。同大学歴史学科のカイハン・オルバイ准教授、国際関係学科のムスタファ・
トゥルケシュ教授からも、援助と刺激を得ることができた。また、同大学の教員宿舎にす
む猫たちは、アンカラ滞在をうるおいのあるものにしてくれた。九州大学大学院生の岩元
恕文さんには、史料集めや校正をはじめ、本書の執筆作業を助けてもらった。肖像画を各

章の導入とする発想は、西洋美術史の研究者であるパートナー、美果との対話のなかで生まれたものである。本書執筆中に生まれた新しい家族である真秀には、大いに力づけられた。そしてなにより、幻冬舎の木田さんには、一年にわたる連載のあいだ、折々の的確な、そして熱意あふれるアドバイスとともに伴走していただいた。本書の書名、章、節の題名の多くは、彼女のアイデアをもとにしている。あらためて感謝の言葉を申し述べたい。

図版出典一覧

p.25 Aşıkpaşazade, Necdet Öztürk ed. *Aşıkpaşazade Tarihi*. Istanbul: Bilge Kültür Sanat, 2013.
p.38 Selmin Kangal ed. *Topkapı Palace: The Imperial Treasury*. Istanbul: Mas Matbaacılık, 2001.
p.169 Gül İrepoğlu. *Levni: Painting, Poetry, Colour*. Istanbul: Kültür ve Turizm Bakanlığı Yayınları, 1999.
p.184, p.186, p.187 Metin And. *Miniature*. Istanbul: Yapı Kredi Yayınları, 2014.
p.249, p.256 Zeynep Özel ed. *Osman Hamdi Bey: Bir Osmanlı Aydını*. Istanbul: Pera Müzesi, 2019.
p.259 Suraiya Faroqhi ed. *Animals and People in the Ottoman Empire*. Istanbul: Eren, 2010.
p.265 A. Gül İrepoğlu and Ahmet Kamil Gören. *Resim, Büst, Kabartma, Fotoğraf Koleksiyonu*. İstanbul Üniversitesi Edebiyat Fakültesi: Istanbul, 2002.
p.267, p.276, p.281, p.285 İpek Çalışlar. *Halide Edib: Biyografisine Sığmayan Kadın*. Istanbul: Everest Yayınları, 2010.
p.272 Turhan Ada. *Adnan Adıvar: Hayatı ve Kişiliği*. Istanbul: İstanbul Kültür ve Sanat Ürünleri Tic. A. Ş., 2010.

p.31, p.60, p.63, p.77, p.99, p.124, p.127, p.129, p.131, p.135, p.151, p.173, p.224, p.245, p.315 著者撮影
他はパブリック・ドメイン

Stateman of Turkey. Paperback ed. London: I.B.Tauris, 2015.
- Andrew Mango. *Atatürk: The Biography of the Founder of Modern Turkey.* New York: The Overlook Press, 2002.
- 宇野陽子「アタテュルクの離婚」長沢栄治監修『結婚と離婚』明石書店，2019年，169-171頁．
- 小笠原弘幸編『トルコ共和国 国民の創成とその変容──アタテュルクとエルドアンのはざまで』九州大学出版会，2019年．
- 粕谷元「ムスタファ・ケマル（アタテュルク）」鈴木董編『悪の歴史 西洋編（上）・中東編』清水書院，2017年，390-401頁．
- M・シュクリュ・ハーニーオール，新井政美監訳，柿﨑正樹訳『文明史から見たトルコ革命──アタテュルクの知的形成』みすず書房，2020年．

コラム

- Ekrem Işın ed. *Dört Ayaklı Belediye: İstanbul'un Sokak Köpekleri.* Istanbul: İstanbul Araştırmaları Enstitüsü, 2016.
- Jane Hathaway. *The Chief Eunuch of the Ottoman Harem: From African Slave to Power-broker.* Cambridge: Cambridge University Press, 2018.
- Ehud R. Toledano. *Slavery and Abolition in the Ottoman Middle East.* Seattle: University of Washington Press, 1998.
- 川本智史「猫にレバー──イスタンブルの猫たち」『地中海学会月報』360号，2013年，6頁．
- 清水和裕『イスラーム史のなかの奴隷』山川出版社，2015年．
- 鈴木董『オスマン帝国とイスラム世界』東京大学出版会，1997年．
- 辻大地「前近代イスラーム社会における去勢者──性的対象としての側面を中心に」（『シルクロード』28号， 2018年，2-4頁．
- アラン・ミハイル，上野雅由樹訳「狡兎良狗の帝国──オスマン期カイロの街路における暴力と愛情」『都市文化研究』21号，2019年，98-114頁．
- ロナルド・シーガル，設樂國廣監訳『イスラームの黒人奴隷──もう一つのブラック・ディアスポラ』明石書店，2007年．

———. *Mitler, Gerçekler ve Yöntem.* Istanbul: Tarih Vakfı, 2018.
- Zeynep Özel ed. *Osman Hamdi Bey: Bir Osmanlı Aydını,* Istanbul: Pera Müzesi, 2019.
- Wendy M.K. Shaw. *Possessors and Possessed: Museums, Archaeology, and the Visualization of History in the Late Ottoman Empire.* Berkeley: University of California Press, 2003.
- Gültekin Yıldız. "Ottoman Participation in World's Columbian Exposition (Chicago-1893)." *Türklük Araştırmaları Dergisi* 9(2001): 131-67.
- エドヘム・エルデム, 岩田和馬・友常勉訳「いかにしてオリエンタルのオリエンタリストになるのか? オスマン・ハムディ・ベイの人生と精神:1842-1910」『日本語・日本学研究』第9号, 2019年, 123-156頁.
- 大村幸弘『トロイアの真実——アナトリアの発掘現場からシュリーマンの実像を踏査する』山川出版社, 2014年.
- 吉見俊哉『博覧会の政治学——まなざしの近代』中公新書, 1992年.

第九章　ハリデ・エディプ

- Halide Edib [Adıvar]. *Memoirs of Halide Edib.* New York: The Century Co., 1926.
  ———. *The Turkish Ordeal.* New York: The Century Co., 1928.
  ———. *Turkey Faces West: A Turkish View of Recent Changes and Their Origin.* New Haven: Yale University Press, 1930.
  ———. *Conflict of East and West in Turkey.* Delhi: Maktaba Jamia Millia Islamia, 1935.
- Aysun Akan and Uygur Kocabaşoğlu. *Mütareke ve Milli Mücadele Basını: Direniş ile Teslimiyetin Sözcüleri ve "Mahşer"in 100 Atlası.* Istanbul: Istanbul Bilgi Üniversitesi Yayınları, 2019.
- İpek Çalışlar. *Halide Edib: Biyografisine Sığmayan Kadın.* Istanbul: Everest Yayınları, 2010.
- Tuna Serim. *Aşktan da Üstün.* Istanbul: Destek Yayınları, 2018.
- 坂田舜「トルコ共和国初期の「女性解放」」『シルクロード』28号, 2018年, 12-13頁.
- 村上薫「オスマン帝国の女性地位改革」三成美保・姫岡とし子・小浜正子編『歴史を読み替える ジェンダーから見た世界史』大月書店, 2014年, 216-217頁.

第十章　ムスタファ・ケマル

- İpek Çalışlar. *Latife Hanım.* 12th ed. Istanbul: Doğan Kitap, 2006.
- George W. Gawrych. *The Young Atatürk: From Ottoman Soldier to*

・Seyyid Lokman. *Kıyâfetü'l-İnsâniyye fî Şemâili'l-'Osmâniyye.* Istanbul: The Historical Research Foundation Istanbul Research Center, 1987.
・Seyyit Vehbî and Levni. Esin Atıl ed. *Levni and the Surname: The Story of an Eighteenth-century Ottoman Festival.* Istanbul: Koçbank, 1999.
・Banu Mahir. *Osmanlı Minyatür Sanatı.* 2nd. ed. Istanbul: Kabalcı Yayıncılık, 2018.
・Dana Sajdi ed. *Ottoman Tulips, Ottoman Coffee: Leisure and Lifestyle in the Eighteenth Century.* London, 2007.
・オルハン・パムク，宮下遼訳『わたしの名は赤』(上・下)，ハヤカワepi文庫，2012年．
・永田雄三，羽田正『成熟のイスラーム社会』中央公論社，1998年．
・牧野信也訳『ハディース イスラーム伝承集成』全6巻，中公文庫，2001年．
・桝屋友子『イスラームの写本絵画』名古屋大学出版会，2014年．

第七章　マフムト二世

・Bernard Lewis. *The Emergence of Modern Turkey.* 3rd ed. New York: Oxford University Press, 2002.
・Yılmaz Öztuna. *Sultan II. Mahmud: Cihan Hakanı ve Yenileşme Padişahı.* 3rd ed. Istanbul: Ötüken, 2019.
・M. Çağatay Uluçay. *Padişahların Kadınları ve Kızları.* 3rd. ed. Ankara: Türk Tarihi Kurumu, 1992.
・Necdet Sakaoğlu. *Bu Mülkün Kadın Sultanları.* Istanbul: Alfa, 2015.
・Ali Yaycıoğlu. *Partners of the Empire: The Crisis of the Ottoman Order in the Age of Revolutions.* Stanford, 2016.
・Coşkun Yılmaz ed. *II. Mahmud: Istanbul in the Process of Being Rebuilt.* Istanbul, 2010.
・新井政美『トルコ近現代史──イスラム国家から国民国家へ』みすず書房，2001年．

第八章　オスマン・ハムディ

・Mutafa Cezar. *Sanatta Batı'ya Açılış ve Osman Hamdi.* 2 vols. Istanbul: Erol Kerim Aksoy Kültür, Eğitim, Spor ve Sağlık Vakfı Yayınları, 1995.
・Edhem Eldem. "Making Sense of Osman Hamdi Bey and His Paintings." *Muqarnas* 29 (2012): 339-383.
———. *Osman Hamdi Bey İzlenimler, 1869-1885.* Istanbul: Dogăn Kitap, 2015.

24(2007): 141-183.

———. *The Age of Sinan: Architectural Culture in the Ottoman Empire.* Paperback ed. London: Reaktion Books, 2010.

- 川本智史「トルコ建築史・都市史」『建築史学』58 巻, 2012年, 110-26頁.
- 羽田正『増補 モスクが語るイスラム史 —— 建築と政治権力』ちくま学芸文庫, 2016年.

第五章　キョセム

- Ali Akyıldız. *Haremin Padişahı Valide Sultan: Harem'de Hayat ve Teşkilat.* Istanbul: Timaş Yayınları, 2017.
- Erhan Afyoncu. *Muhterem Valide: Kösem Sultan.* Istanbul: Yeditepe Yayınevi, 2015.
- Ahmet Refik Altınay. *Kadınlar Saltanatı.* 2 vols. Istanbul: Tarih Vakfı, 2000.
- Marc D. Baer. *Honored by the Glory of Islam: Conversion and Conquest in Ottoman Europe.* Oxford: Oxford University Press, 2008.
- Reşad Ekrem Koçu. *Kösem Sultan.* Istanbul: Kervan Yayıncılık, 1972.
- Özlem Kumrular. *Kösem Sultan: İktidar, Hırs, Entrika.* Istanbul: Doğan Kitap, 2015.
- Osman Selaheddin Osmanoğlu. *Osmanlı Hanedanı'nın Kayıt Defteri.* Istanbul: Timaş Yayınlar, 2019.
- Abdülkadir Özcan. *IV. Murad: Şarkın Sultanı.* 3rd. ed. Istanbul: Kronik Yayıncılık, 2018.
- Baki Tezcan. *The Second Ottoman Empire: Political and Social Transformation in the Early Modern World.* Cambridge: Cambridge University Press, 2010.

第六章　レヴニー

- Hülya Bulut. "Nedim ve Levnî ile Hayat Bulan Lâlesi." *Doğu Batı* 85(2018): 257-70.
- Özkan Eroğlu. *Minyatür Sanatı: Sanatın Yaratıcı Kökleri.* Istanbul: Tekhne Yayınları, 2016.
- Gül İrepoğlu. "Lâle Devri'ne Doğu'dan ve Batı'dan Bakmak: Levnî ile Vanmour." *Doğu Batı* 85(2018): 65-74.

  ———. *Levni: Painting, Poetry, Colour.* Istanbul: Kültür ve Turizm Bakanlığı Yayınları, 1999.
- R. Barış Kıbrıs. *Intersecting Worlds: Ambassadors and Painters.* 2nd. ed. Istanbul: Pera Museum, 2016.

・小笠原弘幸「オスマン／トルコにおける「イスタンブル征服」の記憶――1453-2016年」『歴史学研究』958号，2017年，47-58頁．
・ジョルジョ・ヴァザーリ，平川祐弘・小谷年司訳『芸術家列伝2 ボッティチェルリ、ラファエルロほか』白水Uブックス，2011年．

第三章　ヒュッレム

・Burak Özçetin. “Tarihin Kötüye Kullanımları: Popülizm, Nostalji ve Yeni Türkiye’nin Tarihi Dizileri.” *Toplumsal Tarih* 306(2019): 36-43.
・Leslie P. Peirce. *The Imperial Harem: Women and Sovereignty in the Ottoman Empire.* New York: Oxford University Press, 1993.
———. *Empress of the East: How a European Slave Girl Became Queen of the Ottoman Empire.* New York: Basic Books, 2017.
・Oleksandra Şutko. Hazal Yalın trans. *Hürrem Sultan.* Istanbul: Kitapyayınevi, 2017.
・Ebru Turan. “The Marriage of İbrahim Pasha(CA. 1495-1536): The Rise of Sultan Süleyman’s Favorite to the Grand Vizierate and the Politics of the Elites in the Early Sixteenth-century Ottoman Empire.” *Turcica* 41(2009): 3-36.
・Galina İ. Yermolenko ed. Arupa *Edebiyatı, Tarihi ve Kültüründe Hurrem Sultan.* Istanbul: Koç Üniversitesi Yayınları, 2013.
・アンドレ・クロー，濱田正美訳『スレイマン大帝とその時代』法政大学出版局，1992年．
・辻大地「アッバース朝期のセクシュアリティと同性間性愛――ジャーヒズ著『ジャーリヤとグラームの美点の書』の分析を通じて」『東洋学報』第98巻4号，2017年，1-25頁．
・林佳世子『オスマン帝国 500年の平和』講談社学術文庫，2016年．
・N. M. ペンザー，岩永博訳『トプカプ宮殿の光と影』法政大学出版局，1992年．
・三橋冨治男『オスマン帝国の栄光とスレイマン大帝』清水書院，2018年．

第四章　ミマール・スィナン

・A. Afetinan. *Mimar Koca Sinan.* Ankara: Türk Tarih Kurumu, 2018.
・Doğan Kuban. *Sinan’ın Sanatı ve Selimiye.* Istanbul: Türkiye İş Bankası Kültür Yayınları, 1997.
・Rifat Osman, Yasin Beyaz ed. *Mimar Sinan’ın İzinde.* Istanbul: Pınar Yayınları, 2018.
・Selçuk Mülayim. *Sinan bin Abdülmennan: Bir Dünya Mimarının Hayat Hikâyesi, Eserleri ve Ötesi.* Ankara: İSAM Yayınları, 2013.
・Gürlü Necipoğlu. “Creation of a National Genius: Sinan and the Historiography of “Classical” Ottoman Architecture.” *Muqarnas*

主要参考文献

第一章　オスマン一世

- Halil İnalcık. "Osmanlı Devletinin Kuruluşu Problemi." *Doğu Batı* 2/7(1999): 9-22.
  ———. "Osmanlılar'da Saltanat Verâseti Usûlü ve Türk Hakimiyet Telâkkisiyle İlgisi." *Ankara Üniversitesi Siyasal Bilgiler Fakültesi Dergisi* 14/1(1959): 69-94.
- Cemal Kafadar. *Between Two Worlds: The Construction of the Ottoman State.* Berkeley. 1996.
- Heath W. Lowry. *The Nature of the Early Ottoman State.* Albany, 2003.
- Hakkı Önkal. *Osmanlı Hanedan Türbeleri.* Ankara: Atatürk Kültür Merkezi Başkanlığı, 2017.
- İsmail Hakkı Uzunçarşılı. "Gazi Orhan Bey Vakfiyesi." *Belleten* 5/19(1941): 277-88.
- 小笠原弘幸『イスラーム世界における王朝起源論の生成と変容――古典期オスマン帝国の系譜伝承をめぐって』刀水書房, 2014年.

第二章　メフメト二世

- Erdoğan Aydın. *Fatih ve Fetih: Mitler-Gerçekler.* 9th ed. Istanbul: Kırmızı Yayınları, 2008.
- Franz Babinger. Ralph Manheim trans. *Mehmed the Conqueror and His Time.* Princeton: Princeton University Press, 1992(reprint).
- John Freely. *The Grand Turk: Sultan Mehmet II: Conqueror of Constantinople, Master of an Empire and Lord of Two Seas.* London: I.B. Tauris, 2009.
- Halil Berktay. *Renaissance Italy and the Ottomans: History's Overlaps and Faultlines.* Istanbul: Sakıp Sabancı Müzesi, 2003.
- Feridun M. Emecen. *Fetih ve Kıyamet 1453.* 8th ed. Istanbul: Timaş yayınları, 2015.
- Kritovoulos. Charles T. Riggs trans. *History of Mehmed the Conqueror.* Westport: Greenwood Press, 1970(reprint).
- Nusret Polat. "Kültürel Bir Karşılaşma: II. Mehmed ve Bellini." *Sanat-Tasarım Dergisi* 6(2015): 33-37.
- アンドレ・クロー, 岩永博他訳『メフメト二世――トルコの征服王』法政大学出版局, 1998年.

著者略歴

小笠原弘幸《おがさわらひろゆき》

一九七四年、北海道北見市生まれ。
青山学院大学文学部史学科卒業。
東京大学大学院人文社会系研究科博士課程単位取得退学。博士（文学）。
現在、九州大学大学院人文科学研究院イスラム文明史学講座准教授。
専門はオスマン帝国史、トルコ共和国史。
『イスラーム世界における王朝起源論の生成と変容――
古典期オスマン帝国の系譜伝承をめぐって』（刀水書房、二〇一四年）、
『オスマン帝国――繁栄と衰亡の600年史』
（中公新書、二〇一八年。第一四回樫山純三賞受賞）など著書多数。
編著に『トルコ共和国　国民の創成とその変容――
アタテュルクとエルドアンのはざまで』（九州大学出版会、二〇一九年）がある。

幻冬舎新書 596

オスマン帝国 英傑列伝
600年の歴史を支えたスルタン、芸術家、そして女性たち

二〇二〇年九月三十日　第一刷発行

著者 小笠原弘幸

発行人 志儀保博

編集人 小木田順子

編集者 木田明理　福島広司

発行所 株式会社 幻冬舎

〒一五一―〇〇五一 東京都渋谷区千駄ヶ谷四―九―七

電話 〇三―五四一一―六二一一(編集)

〇三―五四一一―六二二二(営業)

振替 〇〇一二〇―八―七六七六四三

ブックデザイン 鈴木成一デザイン室

印刷・製本所 株式会社 光邦

 ISBN978-4-344-98598-8 C0295

お-29-1

幻冬舎ホームページアドレス https://www.gentosha.co.jp/

*この本に関するご意見・ご感想をメールでお寄せいただく場合は、comment@gentosha.co.jp まで。

幻冬舎新書

島田裕巳　中田考
世界はこのままイスラーム化するのか

なぜ今、キリスト教が衰退の兆しを見せ、イスラームの存在感が増しているのか？　テロや紛争、移民問題に苦悩しつつも、先進国が魅せられる理由とは。比較宗教学者と屈指のイスラーム学者が激突！

中川右介
悪の出世学
ヒトラー、スターリン、毛沢東

歴史上、最強最悪の権力を持った、ヒトラー、スターリン、毛沢東。若い頃、無名で平凡だった彼らは、いかにして自分の価値を吊り上げ、政敵を葬り、すべてを制したか。戦慄の立身出世考。

六辻彰二
世界の独裁者
現代最凶の20人

世界には金正日よりも、カダフィよりも暴虐な独裁者がたくさんいる。21世紀の独裁国家の支配者20人の素顔を暴き、緊迫する現在の国際情勢を読み解く一冊。

加藤康男
ラストエンペラーの私生活

2歳9カ月で清朝皇帝の座に就き、幼少期から性に溺れた。18歳で紫禁城を追われ28歳で満洲国皇帝に。数奇な運命に身を委ねた最後の皇帝「溥儀」の愛欲と悲劇に迫る人物ノンフィクション。

伊藤賀一
47都道府県の歴史と地理がわかる事典

各都道府県の歴史・地理をコンパクトながら深掘り解説、経済活動や伝統文化等に加えて、全都道府県に足を運んで集めた「鉄板ネタ」「地雷ネタ」まで盛り込んだ、読んで楽しく役に立つ画期的な事典。

藤垣裕子　柳川範之
東大教授が考えるあたらしい教養

東大教授2人が提唱する教養とは「正解のない問いに対し、意見の異なる他者との議論を通して思考を柔軟にし、〈自分がよりよいと考える答え〉にたどり着くこと」。その意味するところを解説。

丹羽宇一郎
人間の本性

古今東西の哲学者は「人間とは何か」を探求し続けている。この深遠な問いに対し、伊藤忠商事元会長、元中国大使で稀代の読書家でもある著者が、その豊富な人生経験から考察した一冊。

橋本治
精読　学問のすゝめ

この本は「新時代に必要な学問はこれ！」と諭吉が教えるノウハウ本ではありません。では何が書かれているのか。読み継がれる理由とは。秘密はすべて初編にあり、と看破した型破りな解説本。

幻冬舎新書

小長谷正明

世界史を動かした脳の病気
偉人たちの脳神経内科

ジャンヌ・ダルクが神の声を聞いたのは側頭葉てんかんの仕業？　南北戦争終結時、北軍の冷酷なグラント将軍が南軍に寛大だったのは片頭痛のせい？　リーダーの変節を招いた脳の病を徹底解説。

半藤一利

歴史と戦争

幕末・明治維新からの日本の近代化の歩みは、戦争の歴史でもあった。過ちを繰り返さないために、私たちは歴史に何を学ぶべきなのか。八〇冊以上の著作から厳選した半藤日本史のエッセンス。

丸山俊一＋ＮＨＫ「欲望の民主主義」制作班

欲望の民主主義
分断を越える哲学

世界中で民主主義が劣化している。今、世界の知性たちは何を考えるのか――？　若き天才哲学者、マルクス・ガブリエルら六人が考察する政治変動の深層。世界の現実を知る必読書。

黒鉄ヒロシ

もののふ日本論
明治のココロが日本を救う

幕末・明治の日本は、白人の価値観で世界を蹂躙しようとする欧米列強に屈せず、「士（もののふ）」精神と和魂洋才の知恵で維新を成し遂げた。日本人よ今こそ明治の精神に学べ。歴史漫画の鬼才による渾身の日本論。

幻冬舎新書

片山杜秀
平成精神史
天皇・災害・ナショナリズム

度重なる災害、資本主義の限界、浅薄なナショナリズム。「平らかに成る」からは程遠かった平成。この三〇年に蔓延した精神的退廃を日本人は乗り越えられるのか。博覧強記の思想家による平成論の決定版。

堤未果
日本が売られる

日本人が知らぬ間に様々な法改正が水面下でなされ、米国や中国等の海外勢が日本の資産を食い潰そうとしている。国際ジャーナリストが緻密な現場取材と膨大な資料を通し、書き下ろした一冊。

安部龍太郎
信長はなぜ葬られたのか
世界史の中の本能寺の変

戦国時代は世界の大航海時代だった。信長は世界と闘った日本初の為政者だったのだ。朝廷との確執、イエズス会との断絶、その直後に起きた本能寺の変……。世界史における本能寺の変の真実。

半藤一利
歴史と人生

失意のときにどう身を処すか、憂きこと多き日々をどう楽しむか。答えはすべて、歴史に書きこまれている。敬愛してやまない海舟さん、漱石さん、荷風さん、安吾さんの生き方ほか、歴史探偵流・人間学のエッセンス。